SHIP OF GOLD IN THE DEEP BLUE SEA SHIP OF GOLD IN THE DEEP BLUE SEA SHIP OF GOLD IN THE DEEP

作者 蓋瑞・金德
譯者 范昱峰
導讀 劉其偉

Ship of Gold in the Deep Blue Sea

黃金船

滿載黃金的中美號在風暴裡沈沒，
多少悲歡離合緩緩埋進深藍海中。
失落百年的財富與悲壯歷史，終於被打撈出土——
這是英雄冒險的經典故事，更是人類偉大的科技挑戰。

SHIP OF GOLD IN THE DEEP BLUE SEA SHIP OF GOLD IN THE DEEP BLUE SEA SHIP OF GOLD IN THE DEE

科學人文

繆思國度裡的理智思維

時報出版
科學人文

SHIP OF GOLD IN THE DEEP BLUE SEA SHIP OF GOLD IN THE DEEP BLUE SEA SHIP OF

尋找黃金船

Ship of Gold in the Deep Blue Sea

作者 蓋瑞・金德
譯者 范昱峰
導讀 劉其偉

滿載黃金的中美號在風暴裡沈沒，
多少悲歡離合緩緩埋進深藍海中。
失落百年的財富與悲壯歷史，終於被打撈出土——
這是英雄冒險的經典故事，更是人類偉大的科技挑戰。

SHIP OF GOLD IN THE DEEP BLUE SEA SHIP OF GOLD IN THE DEEP BLUE SEA SHIP OF GOLD IN THE DEEP BLUE SEA SHIP

SHIP OF GOLD IN THE DEEP BLUE SEA SHIP OF GOLD IN THE DEEP BLUE SEA SHIP OF GOLD IN THE DEE

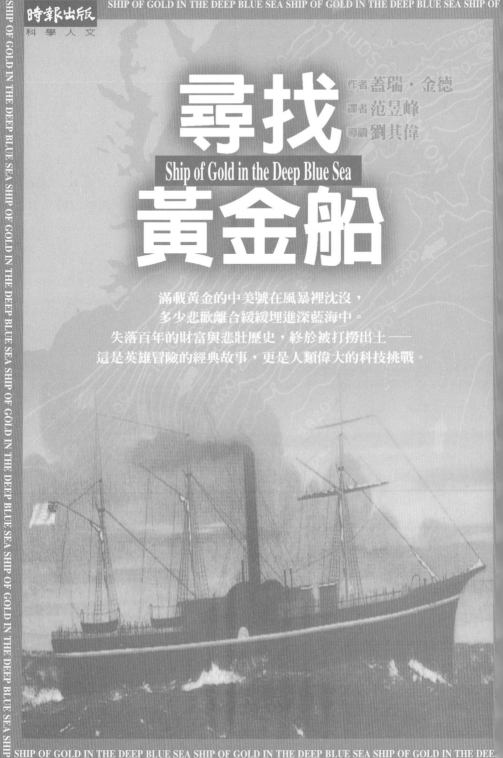

書評讚譽

● 「如『鐵達尼號』般的悲劇，似湯姆．克蘭西的科技傳真，兩者在此引人入勝的真實紀錄中邂逅……金德錘鍊出撼動人心的敘事作品。」

——《時人》

● 「令人閱讀時全神貫注……有冒險、有鬥智鬥力，也有高科技。」

——《洛杉磯時報書評》

● 「金德的蒐證與文筆，湯米周密的思慮與決斷的行動力，兩者皆令讀者悸動。」

——《出版者週刊》

● 「金德述說的動人故事……是最偉大的科學冒險之一。」

——《柯克斯書評》

● 「優美的文筆——條理分明的歷史與科技報告——對於沈船場面的描寫洗練、營造出懸疑氣氛——價值二十四**K**金的經典海洋冒險故事。」

——《紐約時報書評》

● 「艱苦得來的財富、偉大的故事，在金德的筆下，更顯得迷人、翔實……」

——《時代》

側輪汽船「中美號」沈沒圖。此圖大約在一八五七年由 J. Childs 繪製，經麻薩諸塞州皮博帝艾瑟絲博物館（Peabody Essex Museum）同意複製，由Mark Saxton翻拍（原圖殘缺之處以電腦技術修補完整）。

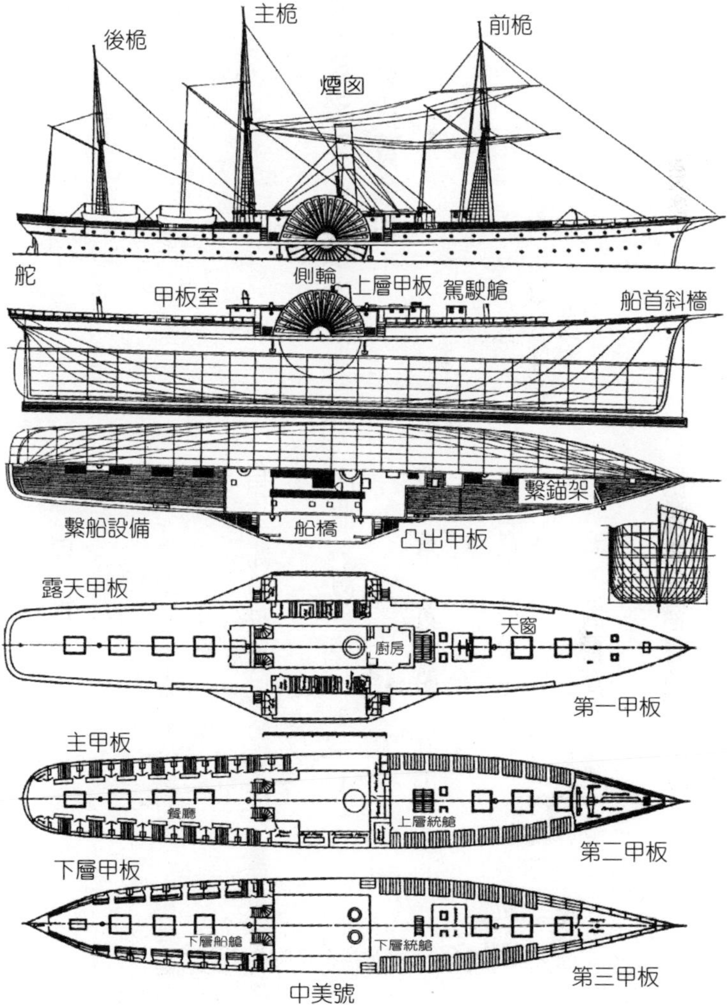

「中美號」船帆索具、船身、甲板結構圖。此圖於一九四四年由Cedric Ridgely-Nevitt繪製，經麻薩諸塞州的皮博帝艾瑟絲博物館同意複製。

目錄

尋找黃金船

Ship of Gold in the Deep Blue Sea

災難是上帝寫的劇本
——導讀

劉其偉

時報出版公司科學人文系列出版蓋瑞．金德（Gary Kinder）著《Ship of Gold in the Deep Blue Sea》的譯本《尋找黃金船》，它融合了歷史、科學、教育和探險，只要讀到書名，腦海中便立刻會浮現一連串的字彙——財富、榮耀、浪漫、壯烈與永恆。

作者在本書〈序曲〉中，首先從美國加州的黃金熱潮敘起。加州是一八四八年美國最早發現黃金的地方，僅僅在一年後的一八四九年，來自世界各地、不顧生死的淘金客竟達三萬人，使加州荒涼安詳的原野，一夜之間變成了塵囂叫嚷的小城，其中包納著金主、探險家、商販、傳教士、搶匪與流氓。一個新生的淘金社會，法律和道德是否還會存在，我們不難可以想見。

根據歷史記載（Nigel Pickford; The Atlas of Ship Wreck of Treasure, 1994），「中美號」於一八五七年八月，在亞斯平沃爾（Aspinwall）裝上價值高達一百二十一萬九千一百七十九美元的金條和金幣，然後順路經由加州，讓淘金者上船航返紐約。船上價值一百多萬美元的金條和金幣，屬於美國Wells Fargo銀行。原先這些金貨是由別的船隻運送的，後來不知什麼原因，卻改裝上「中美號」。九月八日「中美號」航經哈瓦那時，還增加了許多船客，計有五百七十五人，黃金高達二十一噸。

「中美號」是一艘裝有蒸汽機和木造側輪的汽船，有三個艙面和三根桅杆，排水量二千一百四十一噸，長二百七十八呎，闊四十呎，深三十二呎，航速平均十節。

第一章敘及船難始末。當「中美號」從舊金山返回紐約，航經加勒比海途中，於九月十日清晨遇上了暴風雨，洶濤巨浪把海水灌進機房，船隻所能承受的重量超過所能負擔的界限。到了黃昏，蒸汽機停止運轉，無法固定船首在頂風方向，以致船身任排山似的巨浪翻滾，終於在九月十二日下午八時消失在巨浪之中。

從古到今，不知有幾許船難發生過。最著名的船難有如一八三三年的「湖女號」(Lady of the Lake) 和一九一二年的「鐵達尼號」在北大西洋沈沒，以及一九八七年Dona-Puz號在菲律賓民答那峨海峽觸礁，兩千多人喪生，比「鐵達尼號」的死亡人數還多。這些災難都是上帝寫的劇本，一如「中美號」的命運，不是人所能改寫的。

第二章介紹全書的靈魂人物湯米，他是打撈這艘滿載財寶沈船的策劃人。父親是一位工程師，他在大學時代也攻讀機械工程，因此他們足可稱為工程世家。湯米在童年就受到家庭的良好教育，家庭也充滿了溫暖。

湯米在校期間，選修了很多與海洋工程相關的學科，諸如海洋生物和地質侵蝕。他自認不合適受雇於人，不滿足於雇主的退休制度，志在創業。由於創業必須冒險，冒險成功的關鍵正如甘地所說：「不盡在於智慧，而是在於意志的堅決。」湯米打撈「中美號」之所以成功，就是在於對自己的信念堅持不移。

第三章〈蔚藍深海〉是全書的重心，敘述一九八六年，湯米悄悄地在遠離加州二百浬的海域尋找埋葬深海下的「中美號」。其中包括一九八六年「松川號」，以及一九八七年「航海家尼可號」的深海打撈日記。這一章的文字分量占了全書的半數，並提及許多航海的專門詞彙；這些詞彙對非航海者固然難解，但作者用輕鬆的形式來敘述，讓讀者不致覺得枯澀，而且還會得到許多海洋工程和海事知識。

一般考古在陸地上尋找遺物，遠不似在多變的海洋中打撈寶藏那麼凶險。無論在陸地出土的文物，或從海中撈出來的財寶，在封建時代的歐洲，君主被視為全部土地的所有人，因此財寶應由他來享有，而且還擁有無所不包的權利。美國可能是沿襲英國的立法，似乎要把打撈物交給國庫。湯米在本章的打撈工程進行中，就涉及這個法律上的問題。在《Life》雜誌由Tim Noona撰寫的〈The Greatest Treasure Ever Fourd〉文章中敘述，湯米和他的伙伴鮑伯・伊凡斯與巴力・蕭茲三人，對於從「中美號」撈起的二十一噸黃金怎樣分攤，直至今日仍守口如瓶。

該章「北極發現者號」一節，描述他們從照片中看到海底鋪滿了一層黃金，像是花園中盛開的花朵，金磚堆擠三十呎高，金光朝著你眨眼，全船歡叫，這是撈獲「中美號」黃金喜劇一幕的劇終。

作者蓋瑞．金德尚著有暢銷書《Victim》和《Light Years》。他在湯米公開發現黃金的消息後，親自登上「北極發現者號」。他研究這個撈金故事達十年之久。因此本書不但把打撈黃金的艱辛和冒險過程描述得細緻生動，而且還帶給讀者許多近代海洋工程與海事的知識。作者現在和妻子以及兩個女兒住在西雅圖。

這本書不僅是有史以來尋寶最成功的故事，同時也是最適合青年朋友閱讀傳記文學的一本好書。

最後我要強調一件事，就是主編心岱小姐寄給我一大疊資料做參考，我花了很多的時間閱讀。最感動我的是本書主角湯米，他確實值得我們尊敬。他從工程師一躍而為億萬富翁，照理大可享福一番，可是他行的仍然是一部摩托車，穿的仍然是一件T恤。他曾說：「冒險尋寶固然是一個『目標』，但並非是『目的』。真正的目的是在增進對歷史的了解，以及發展海洋工程技術……。」筆者認為他的理念不但是我們做事的標竿，他的態度也是我們做人的典範。

沈船現場完整重現

——自序

蓋瑞．金德

本書所述均為真人實事。書中人物全部使用真名，一切情節和對話也都照實敘述，毫無增添，僅在需要保護消息來源時，對於部分科技和過程的資料稍加修改而已。

我參閱了「中美號」旅客的日記和敘述，還有數百篇當時對於生還者的訪問報導。在我閱讀的有關加州淘金熱潮的書籍中，以威廉．強森（William Johnson）所寫的《四十九礦工》（*The Forty-Niners*）和約翰．坎普（John Kemble）的博士論文〈巴拿馬航線〉（The Panama Route）最有幫助。另外我還拜讀了理查．達納（Richard Henry Dana）的經典之作《航海兩年》（*Two Years Before the Mast*），參考「中美號」的圖像和巴拿馬航程沿線景象、舊金山和亞斯平沃爾港的碼頭等處的木刻。海運方面的參考書籍則是《牛津船隻與海洋手冊》（*The Oxford Companion to Ships and the Sea*）和伯蒂戚（Bowditch）的《實用美國航海家》（*American Practical Navigator*）。

為了敘述的完整重現，我商借了哥倫布——美國集團一九八六年的聲納紀錄、一九八七和一九八八兩年的船長日誌、一九八七年的飛行日誌、一九八六至一九八七年的海上工作日誌、遭遇對手船隻闖入時的談話錄音、一九八八年的財物打撈日誌、個人日記和家書、股東通訊、海底現場的照片、各艘工作母船的照片，以及海底和海面的錄影帶。我還參觀該公司的辦公室和倉庫，威敏敦的現場；訪問百位以上的工作人員、股東、會計師、律師、工程師、科學家，以及主要人物的親友家人。此外有關潛艇演進以及人類試圖探測海底的書籍，閱讀的數量也超過半打。一九八九年八月和一九九〇年九月，我兩度搭乘漁船登上「北極發現者號」，在船上停留數天，親自參觀一切工作的過程。有時為了正確描述現場情況以及對話，還親自錄影存檔。

序曲：淘金夢

一八四八年一月二十四日上午，
詹姆士・馬歇爾在舊金山東北一百哩的美洲河邊發現了金塊；
這個消息迅速地越過丘陵、平原，
遠及美國東部。
成千上萬的淘金客搭乘郵輪湧入舊金山，
一圓發財美夢。

加州淘金潮

詹姆士．馬歇爾（James Marshall）和往常一樣，清早起床就沿著人工水道旁的碎石路，查看水流是否能夠推動鋸木廠的水車。到了水流上游，馬歇爾關閉水閘，再漫步走到下游，站在水邊。岸邊的淺窪結了冰；中間深水部分，平靜無波、晶瑩澄澈。當他審視距離水面大約六吋深、布滿岩石的河床時，瞥見一片平坦的岩石上有一塊黃色的東西。於是他捲起袖子，把手伸進水裡撈起了這塊東西。它的大小和形狀約如大拇指的指甲，金黃明亮；除了顏色以外，它看起來像是嚼過的口香糖。

馬歇爾站在水邊，手指頭撥弄著這塊東西，呼吸的熱氣結成白霧。那東西雖小，但沈甸甸的，跟河中灰色的鵝卵石截然不同。他認爲它有點像金子，但不確定，所以他做了簡單的測試：把它擺在石頭上，用另一塊石頭敲打。它沒碎，但變了形。馬歇爾把它放進口袋，巡視完水道之後，就回帳篷去了。

當天，鋸木廠的一個工人在他的日記裡寫著：「鋸木廠主管詹姆士．馬歇爾，在水道中發現了一種金屬，看起來有點像金子。」爲了檢驗這塊東西，他們把它放在鐵砧上，用鐵鎚敲打。如果是黃鐵礦，這麼一敲打，就會破碎；可是它只是變薄、變扁而已。於是廚子把它放進鹼液中煮了一天，它仍然還是金黃橙亮，沒有變色。

馬歇爾和工人們沿著美洲河南邊的支流所挖掘的這條水道，位於荒涼、偏僻的加州北部。馬歇爾在一八四八年一月二十四日上午發現這塊東西；當時整個加州隸屬於墨西哥，但美、墨兩國正在交戰，並進入交涉擬定和約的最後階段，在這個和約之下，墨西哥將「上加州」讓與美國。

「上加州」從聖地牙哥港南端往北，延伸至奧勒岡。內華達山脈貫穿南北，成爲上加州地區的分水嶺；山脈西側平原和山坡地住了不同種族的居民，但由於地廣人稀，彼此難得見面，再加上物產豐富，所以各種族之間也不會有摩擦爭吵。這裡的居民包括散居的墨西哥農夫、一小批美軍分遣隊、幾艘海軍艦艇、少數土著部落、零星剩餘的天主教傳教士、荒涼的牧場、設陷阱誘捕獵物送到山脈東部的人，以及一些摩門教徒。一年半之前，兩百三十八名摩門教徒乘船抵達此處，定居在約巴布也納（Yerba Buena）。約巴布也納位於太平洋一處大海灣的西陲，只有四十位居民；摩門教徒在一八四七年重新爲它取了一個名字：舊金山。

在整個上加州地區，最成功、最發達的居民大概要屬性格快活、破產過兩次、自稱「上尉」的約翰．沙特。他是德裔瑞士人，經由夏威夷抵達上加州。約翰．沙特說服墨西哥的加利福尼亞總督，把美洲河和沙克緬多河（Sacramento）交會地帶五萬英畝的肥沃土地出讓給他。這塊土地大約位於舊金山東北一百哩處，沙特把它取名為「新赫勒威夏」，但其他人都稱之為「沙特堡」。一八四七年秋天，為了擴展領地和取得木材，他指派木匠詹姆士・馬歇爾北上五十哩，到美洲河邊建造了一家鋸木廠。

在人工水道中發現那塊黃橙橙的東西的四天之後，也就是美、墨簽訂和約的五天之前，馬歇爾在冰天雪地中，騎馬前往沙特堡。抵達之後，他把沙特喊進密室，鎖上門，然後打開布包，拿出那塊東西：他認為那是金子，可是沒有把握。他只知道幾天前撿到這東西之後，又在水道中發現其他相似的東西，它們就在河床上，根本不必尋找；如果那是金子，此地可真是遍地黃金了。

沙特仔細端詳這塊東西，並去感覺這小東西驚人的重量。然後他從書架上取出一本老舊的化學書籍，找到另外兩種檢驗方法。他滴上硝酸，那東西安然無損；把它放到天平上一秤，發現它的密度比銀子大得多。沙特確定它是金塊，然而他沒有喜悅之感，反而心生憂慮。因為他在這五萬英畝的土地上牧養了一萬兩千頭牛，一萬隻羊，兩千匹馬和騾子，以及一千隻豬；如果這東西真是金子，他可以預見手下的工人溜進山地，把田中穀物和牧場的牲畜棄之不顧；成千上萬的瘋狂淘金客擁進寧靜的山谷；而且他還知道，馬歇爾發現金塊的地點不在他的土地範圍之內。

沙特立刻跟科隆馬（Coloma）部族交涉，以食物和衣服交換鋸木廠周圍十二平方哩土地的三年租約。租約到手之後，他立刻告誡馬歇爾和其他工人不要透露發現黃金的消息。但是其中一名工人利用下班時間躲進山區，用一把摺合小刀在山谷裂隙中挖取金塊，還寫信告訴朋友他發財了。另外一個工人用鹿皮袋裝著金塊，到一家店裡大事吹噓。還有一位驛車駕駛在運送貨物到鋸木廠的路上遇到一個小男孩，那男孩給他看了一把金沙。由於來詢問這個消息是否眞確的人愈來愈多，沙特終於解除戒心，也開始心滿意足地吹噓在鋸木廠附近撿到金塊和金沙的種種。果然不出沙特所料，到了三月的第一個星期，他的農地和牧場裏只剩下幾個身體衰弱而無法前去淘金的工人。

消息迅速的越過丘陵、平原，終於傳到舊金山。一八四八年三月十五日，《加州人報》用斗大的標題報導發現金礦。幾週後，該報的競爭對手《星報》駁斥了這個報導，說它是空穴來風。可是就在同一週，《星報》的老闆驅車駛回舊金山，手中揮動著一瓶金沙，大聲宣布在美洲河發現了金礦。他這麼做，有一點是爲了他在沙特鋸木廠附近新開的一家商店做宣傳。兩週之間，舊金山的人口從幾百個人銳減到一打左右。

三月，美國參議院通過美墨和約；墨西哥國會則在五月批准。那年夏天，新任的美國加州州長沿著美洲河巡視金礦礦區，發現約有四千人正在挖掘金礦或淘洗金沙，平均每人一天可以採得兩盎司，約值三十二美元。淘金客像影子一樣跟在馬歇爾身邊，等候分配開採地點。其實開採範圍早已越過沙特的租地。雖然黃金大量湧進沙特堡的店舖，但沙特仍收穫了四萬蒲式耳的小麥製成麵粉。此時麵粉價格已經高達每桶三十六美元，預計還可能飆漲到五十美元。

加州州長在致總統詹姆士・波克（James K. Polk）的公文中，附上一個茶葉罐的金塊和金沙。公文中說：在未親自視察金礦區以前，我無法相信關於金礦的報導；現在我確信，沙克緬多河和聖喬根河（San Joaquin）流域的金礦蘊藏量，其價值超過對墨之戰的軍費百倍以上。

美墨戰爭結束後，美國政府資助私人企業建造並行駛兩支側輪汽船船隊，以連繫上加州和其他地區。其中一支船隊來往於紐約和巴拿馬之間；另一支則從巴拿馬上行至奧勒岡，途中在聖地牙哥、蒙特利和舊金山靠岸停泊。船隊的船長由美國海軍軍官擔任；每兩週一個航次，運送情報、郵件、報紙、貨物和旅客。

一八四八年十月六日，太平洋郵輪公司的第一艘汽船「加州號」從紐約港啓航，開往合恩角（Cape Horn），連結巴拿馬和奧勒岡之間的航運。「加州號」從紐約港出發時幾乎是空船；船長預期，從巴拿馬北向奧勒岡的處女航應該也會一樣。但是當「加州號」繞過合恩角航向太平洋時，正值一八四八年十二月五日波克總統召開第三十屆國會的第二會期。總統告訴國會：「加州發現大量金礦的報導，非比尋常，若未經權威報導的證實，實在令人難以置信。」

次日，這則消息成爲美國各報的頭條新聞。《紐約每日論壇報》的編輯何瑞斯・葛利（Horace Greeley）預言美國「正跨入黃金時代」。「『希望』吸引了千萬子民前往厄爾多拉多（El Dorado），」他這麼寫，「那裡的財富就像紐約街道的泥巴一樣，鋪滿了地面。在加州的新金礦區，唯一需要的開礦機械就是一雙強勁有力的手、一把鏟子和一個錫盤。事實上，許多人只用瓦片或木板，輕鬆愉快地挖著金塊，一天收入五、六十塊錢，還享有許多閒暇時間。」

東部所有報紙都登載著在加州淘金如何輕而易舉的文章。許多書籍，例如在《金礦移民指南》中描述廣闊的河床「鋪滿了金沙，有一隻手的厚度……價值二至五萬美元的金子，幾乎唾手可得。」有關淘金的演講場場爆滿；演講者更誇大其詞地說加州的淘金客一天可以採得四磅、價值一千美元的黃金；或是說，假使一個人一天採集三十六磅黃金，即使十萬人一起努力工作，也要十年才能採盡加州的金礦。

某報編輯寫道：「這片荒涼偏僻、毫不起眼的地方，突然成了全世界注目的焦點。一千五百萬元的財富已經進了某些人的口袋；所有的人都湧向這個地方，想要一圓發財美夢。」

但是通往這個地方，只有陸路或海道兩種選擇。如果經由陸路前往，必須等到四月，因爲橫亙在加州和其他區域之間的洛磯山脈，在冬季，山區的牧草都埋在幾呎深的積雪之下。沒有牧草，拖運車輛的牲畜無法生存。

等不及的人就只好走海路；但是他們必須選擇繞過合恩角或是橫越巴拿馬。取道合恩角的航線長達一萬三千浬，需時四至八個月；航程中可怕的風暴，旱鴨子可吃不消。一八三三年，達爾文（Charles Darwin）在日記中這樣描述合恩角：它的景象足以讓陸居的人連做幾個月的惡夢。合恩角惡名昭彰的藍鬍子——八、九十呎高的巨浪，以三十節的速度席捲海面，撕裂被冰雪覆蓋的船隻。帆桅斷裂、船帆被撕成碎條、人被沖離甲板，掉進冰冷的海中淹死或凍死。

橫越巴拿馬的路線比前兩者快捷、方便得多；萬一遭遇意外，死法也沒有那麼驚心動魄。這條路線的第一段航程——紐約到巴拿馬——包括在哈瓦那短暫停留，需要九天。接著橫越地峽，儘管波濤洶湧，但不至於有生命危險。之後五天的旅程，必須搭乘獨木舟、騎騾和徒步跋涉；這當中必須忍受熱帶氣候的燠熱，以及霍亂、瘧疾和黃熱病的威脅；還有，如果要喝加糖的咖啡，當地土著就嚼甘蔗，將甘蔗汁吐在杯中。然後抵達有三百年歷史的巴拿馬，一個美國人形容它是一個骯髒、吵雜、不適合人居的都市。那裏的太陽太毒辣，飲水太髒，土著的檸檬水難以入喉。旅客們在碼頭等候，準備搭船沿著西岸上行至舊金山。

「加州號」駛進巴拿馬灣停泊、添加煤料時，船長看到碼頭上黑壓壓、堆積如山的老舊行李箱、骯髒的睡具、帆布背包、繩索、帳篷、炊具、鏟子和尖鋤。發生在偏遠西岸的淘金故事，在東岸的輪船公司引起騷動。第一艘抵達巴拿馬加勒比海海岸的「亞特蘭大」汽船帶來滿載的乘客；兩天後，一艘三桅船帶來六十名乘客。到了一月中旬，又有五艘船隻帶來更多準備溯江而上、越過山區前往巴拿馬市的旅客。

「加州號」的載客量是兩百名，但在碼頭上等待的超過五百名。船長於是訂購木材，加搭艙位。兩週之後，被三百六十五位旅客，三十六位水手擠得水泄不通的「加州號」啓航了。在此同時，碼頭沿岸又有四艘汽船、兩艘三桅船、三艘雙桅帆船，以及一艘縱桅帆船，卸下七百三十六位旅客，準備越過巴拿馬到達太平洋岸搭船。每天還有許多人分別自紐約、波士頓、費城、巴爾迪摩和紐奧爾良源源而來。

「加州號」載著最初的四十九位礦工駛入金門灣時，一位《加州愛爾他報》的記者如此描述當時的景況：「加州號」眞是壯觀亮麗，當它遙遙現身時，它優美的外表引來興奮的市民陣陣歡呼……它緩緩通過泊在港中的軍艦之時，受到禮砲歡迎，擠在甲板上的乘客報以熱烈的歡呼。十一點鐘，「加州號」下錨停泊在港口。

不到一個小時，高級船員和水手也相繼離船。不到一週，三十六位船員全走光了，只剩下船長和一個在引擎間工作的小孩。蘊藏黃金的山區的誘惑，實在令人無法抗拒。

這群淘金客為了拴住他們的騾子，在投宿木屋的門階底下拖出一截當初為了開路而連根拔起的樹樁，結果在樹樁底下發現了金子。有人如此描述：單單一名水手只要到礦區工作兩個月，就可以賺到兩、三千美元；如果是在船上，他必須辛勤工作、節衣縮食二十一年，才能賺到這筆錢。

很快的，大小船隻爭先恐後地湧入舊金山；五百多艘空盪的船隻泊在海灣裡，任憑泡在港中腐銹，有的連貨物都沒卸下。

美國海軍試圖以公開示衆的處罰方式來遏止海軍官兵棄船的行為。例如有三個水手棄船逃逸，被船長處以一百下鞭刑；還公開在帆桁上吊死兩人。但是仍然遏阻不了這股狂潮。太平洋海軍指揮官不得不上書海軍部長：以目前的情況來看，在未來幾年之內，美國恐怕無法在加州維持任何海軍軍備。

陸軍的境況也好不到哪裏去。一八四八年，一位陸軍士兵的月薪約為六美元。一個士兵把他陷入道德兩難的心境描寫得入木三分：「在對（月薪六美元）與錯（日入七十五美元）的兩難之間掙扎，真是殘酷煎熬。」加州北部的陸軍人數從一千三百名銳減到不足六百名；而派遣留下的這一半士兵去追捕逃兵也是一大風險。有時整排官兵帶著武器和馬匹逃入山中，消失不見。

一年之間，幾萬名淘金客翻遍了從厄爾多拉多到北部普瑞所郡之間、地表六呎之內的每塊石頭；還有沙克緬多東北的山坡地，美洲河的三個岔口。這股黃金熱潮就像失控的森林大火，火舌此起彼落，南北亂竄，延燒不停。情況持續發燒，淘金客搜遍了內華達山脈以西、洛磯山脈以東的山區和平原，南北縱深幾達三百哩。

一八四八年，舊金山只有四百五十九人；沙克緬多只是一家店鋪兼倉庫；全加州的華人只有七個。到了一八四九年底，舊金山的人口暴升至兩萬五千人；沙克緬多成為擁有一萬兩千人的城市。一八五〇年代初期，兩萬多名華人抵達加州。光是一八四九年，就有八萬五千名男女湧進北加州；其中兩萬三千人來自其他國家。

兩年之間，舊金山成為主要港口；三層樓的磚造建築林立，港口擠滿了幾千艘船隻。一年之後，泥土路錯綜蜿蜒地分布在電報山（Telegraph Hill），房子蓋到半山腰。一八四七年，一間面向樸茲茅斯廣場（Portsmouth Square）的房子，售價是十六．五美元，隔年售價高達六千美元；再過半年，飆漲到四萬五千美元。木材價格暴漲了二十五倍，但仍供不應求。而工資從一天一美元漲到十美元、二十美元，然後三十美元。

到了一八五〇年代中期，舊金山的人口已達七萬五千人；市內有五百家沙龍，一千處賭場。每天有三十間新屋完工；兩人被砍殺或死於槍傷，以及發生一場火災。這些暴發戶市民喜歡穿戴、炫耀來自巴黎最新的時裝；兩千個座位的戲院，夜夜座無虛席。

一八三五年，理查．達那（Richard Henry Dana）乘著皮船進入原始潔淨的舊金山灣。後來在他的名著《航海兩年》（Two Years Before the Mast）中寫道：如果加州繁華起來，舊金山灣將是繁榮的中心。可是當時，整個地區除了城砦廢墟以及一間廢棄的教堂之外，只有東岸一處皮貨商的小屋，才看得見炊煙升起。

二十四年後的一八五九年，達那搭乘汽船於深夜返抵舊金山，投宿一處旅館。就他記憶所及，這旅館正好位於當年皮船停泊處的附近，但已經景物全非。達那如此描述：清晨醒來，我從旅館窗口眺望舊金山市，倉庫、樓塔、法院、戲院、醫院、報社、各類的專業人士、碉堡、燈塔，碼頭和港口；港口中，快船上千，數目超過倫敦和利物浦。舊金山已成為美國的主要城市之一，也是剛剛甦醒的太平洋新世界的唯一商業中心。

儘管舊金山是如此繁榮，但由於地處美洲大陸偏遠地帶，全賴汽船和外界溝通聯繫。汽船用散步般的速度運送著郵件、商品和新移民，以及來自外界的消息、觀念和流行訊息。一八五〇年九月九日，加州正式建州，但加州居民一直到六週之後，當掛滿國旗和旗幟的「奧勒岡」號開進舊金山灣，大鳴禮砲時，才知道這個消息。

從一八四九年到一八六九年間，有四十一萬名旅客越過巴拿馬往西行，二十三萬二千人東返。而步行越過大平原的，大都走海路返回東部。橫越巴拿馬的路線最迅速、最安全；船隻運送的這些多金之士，對於開拓美國西部貢獻頗大。加州除了土地以外，最貴重的外銷品就只有人人夢寐以求的黃金。二十年間，幾乎每一兩黃金都靠船隻輸送。

根據官方的紀錄，經由巴拿馬路線運送的黃金，總共價值七億一千一百萬美元；另有價值四千六百萬美元的黃金，則經由稍後通航的尼加拉瓜路線運出。每到汽船開航的日子，碼頭就擠滿了在車輛之間穿梭的商人、船員、旅客、送行的人們，以及蒐集航行資料的記者。這也是結清帳目、匯款給在東部的貸方、討論買賣細節的日子。一個商人說，這是最瘋狂、熱絡的時候。貨物和金子都必須取得正式的收據，頭等、二等的艙房必須預訂，牛肉和麵粉也必須裝運妥當，準備離開舊金山的五百名旅客的行李也需要裝艙。在船隻底部，工人忙著運煤到鍋爐間，船隻生火待發。每兩週就有一艘汽船從舊金山出航，滿載貨物、旅客，以及大約三噸的黃金開往東部。

一八五七年八月二十日上午，側輪汽船「蘇納洛號」停泊在碼頭；船上的過道擠滿了人，堆滿了大包小包的行李、睡袋、寢具。穿著長上衣、頭戴大禮帽的男士，成群結隊地高談闊論；海風把女士們的大蓬裙吹得往上翻飛。市中心正有婚禮的隊伍蜿蜒地向碼頭進行；馬車周圍都是賀客。隊伍到達碼頭的時候，穿著結婚禮服的新娘和新郎跨下馬車，登上舷梯。那位嬌小、活潑的新娘名叫愛德琳・米爾斯・伊士登（Adeline Mills Easton），是大流士・米爾斯（Darius Ogden Mills）的妹妹。後來大流士・米爾斯創立加州銀行，成為加州鉅富。愛德琳的丈夫安素・伊士登（Ansel Easton）在一八五〇年代初期移民加州，專門販售家具給船運公司，發了大財；並在舊金山南方占地一千五百英畝的農莊培育具有純正血統的馬匹。他們匆匆走上舷梯，裝著結婚禮物和甜點的籃子隨著身體搖擺；賀客把新人簇擁過甲板，祝賀他們一帆風順，白頭偕老。

另一對抵達碼頭的年輕夫婦，則是舊金山家喻戶曉的人物：男的是著名的音樂家兼演員比利·博區（Billy Birch），女的是他的「一日新娘」維吉尼亞。不久之前，《加州愛爾他報》才把博區譽為「舊金山音樂家之中聰慧、不同凡響的明星」。一年之前，《舊金山愛爾他報》的戲評寫著：光是看到博區，最嚴肅的人都會笑出來。博區剛與一家歌劇院簽定演出合約，正要到紐約加入布萊恩歌唱團。根據報紙描述，他的新娘「年輕貌美、體型嬌小，個性迷人、活潑健談。」當她步過甲板時，手中提著一個裝了金絲雀的小鳥籠。

還有一位詹姆士·博區（James Birch），他和比利·博區沒有任何關係。詹姆士的胸膛厚實，以前在羅德島擔任馬車駕駛，在一八四九年經由陸路到舊金山；五年之內，搖身一變成為加州驛車公司的董事長。之後他辭去職務，規劃來往德州和加州之間的驛道，它將會是第一條橫跨大陸的驛車路線。一八五六年，他的妻子生下一個男孩，一個舊金山的朋友致贈了一個銀杯為賀。由於家人定居麻薩諸塞州，詹姆士帶著銀杯，準備回家送給兒子。

在碼頭上交談的男人中，有一位頭髮稀疏、中分、大鼻、留著兩吋像棉花糖一樣的絡腮鬍的法官——雅隆佐．蒙森（Alonzo Castle Monson）。他是紐約人，一八四〇年耶魯大學畢業，一八四四年畢業於哥倫比亞大學法學院。五年後他移居加州，是當年那四十九位淘金客之一；三年之內，他成爲地處淘金熱潮中心地帶的沙克緬多的法官。《舊金山愛爾他報》宣稱：「加州從沒出現過比他能幹、有效率的法官。」然而，使蒙森名揚黃金之鄉沙克緬多的不是他的才幹，而是因爲豪賭輸掉了房子。一份報紙小心翼翼地揶揄他「嗜賭到了極點。」

頭等艙的旅客登船就悠閒多了。三百美元的票價，使他們享有位於船尾的私人艙房；船尾部分顛簸較少，比較舒適。艙房內有一扇舷窗可以看到海景；還有一扇內門可以直通甲板餐廳。每間私人艙房有三張上、中、下排列的軟臥舖、一個衣櫥、一面鏡子、馬桶、臉盆和杯子；地板舖著地毯；舖位有布簾隔開。

在售票處圍了近四百位極力爭取統艙前面舖位的旅客。統艙擁擠燠熱，空氣潮濕，而且上中下三層臥舖，每層之間的距離不過六十公分寬。較上面的臥舖靠近舷窗，可以讓陽光和新鮮空氣透進來，使旅途較好忍受。

統艙旅客中，奧利佛．孟勒夫（Oliver Perry Manlove）是一位神采飛揚的青年；他有三位同伴、一部篷車和用軛連起來的四對牛。他們在一八五四年從威斯康辛出發，徒步越過大平原。五個月的旅途當中，他們爲牲畜尋找賴以維生的草料和飲水，爲自己尋找生火的木材和獵物；孟勒夫把這一切詳盡記錄。他們會合另外三部篷車，組成車隊；經常每天前進二十五哩。有時他們會遇到長達六哩的車隊，篷車多達三百部；白色的車篷用蜂蠟染成黃色；後面跟著上千頭的牛群。孟勒夫這麼記錄：「大家都直奔厄爾多拉多。」

他沿途計算里程、印第安人，以及爲喪生的旅人所架的十字架：死於雷殛的、淹死的、病死的、還有遭槍殺的。五個月期間，他總共數了二〇五個十字架。

到了九月、孟勒夫二十三歲生日的前兩天，他們到達尼爾森溪；它流入羽毛河的一個支流，之後在位於必德威沙洲的馬立斯威北方和羽毛河的主流匯合。必德威沙洲正是黃金潮的熱門地點之一。就在距離尼爾森溪南部幾個山頭的峽谷中，三個德國人只用小刀就從岩縫中挖出價值三萬六千美元的黃金。這消息立刻吸引了幾千名淘金客；他們之中有些人用一個小盤洗出價值兩千美元的金子。來自喬治亞的一小群人，一天之內挖到價值五萬美元的黃金。

孟勒夫到達尼爾森溪時，日記這樣記錄：「我在一個交易點把步槍換成衣物；只剩下一只小背包，裏面裝著衣服、聖經和一把有六發子彈的左輪手槍——帶著它有點奇怪。小皮夾裡裝著我的全部財富：五毛錢。」

大部分的淘金客都跟孟勒夫一樣，到達加州時，已耗盡物資，身無分文。而在加州所需的生活費用和艱辛的工作，令他們目瞪口呆。那裡的確是有金礦，但找到黃金的機運以及挖掘黃金所需的體力，卻比傳言困難許多。而且要支付住在礦區的食宿等生活費用，同時積攢日後回家的盤纏，每個礦工一天至少要找到半盎司到一盎司、約值八到十六美元的黃金，但大都只能挖到幾分錢到幾塊錢；這還是蹲在溪邊辛勤工作十個小時、淘洗五十盤沙礫的全部收穫。

三年之間，孟勒夫看到有人被炸藥炸掉手指或整隻手、有人酗酒、有人打架負傷、有人勤讀聖經、有人用河中的石頭磨指甲，還有人在各個礦區之間尋找金礦豐富的地點；他們期盼並禱告下一鏟可以帶來財富和解脫。他們寫寄大量的家書，訴說疲憊和灰心，還有思鄉之情。大有斬獲的故事確實迷人，但這種例子少之又少，而且遙不可及。

一八五七年七月，孟勒夫離開礦區，此時他已離開位於威斯康辛的農場三年半了。期間他寄了一點錢回家，自己留下幾百美元，剛好夠買一張航程十四天的統艙船票，不必再徒步走過大平原回家。

當天上午稍晚時刻，船長發出離港螺聲時，甲板上一片忙亂：不走的，忙著離船；要走的，擠著上船。忙亂過後，船長下令起碇；領港船引導「蘇納洛號」越過燈塔、出了港口之後，「蘇納洛號」通過金門灣，進入太平洋；帶著五百名乘客、三萬八千封家書、價值一百五十九萬五千四百九十七元一角三分美元的黃金，鼓浪前進，直奔南方。

此後十四天，「蘇納洛號」將先朝南再折東，往巴拿馬前進。到了巴拿馬，旅客將搭車到四十八哩外、位於加勒比海岸的亞斯平沃爾港，轉乘「中美號」（SS Central Ameriua）前往終點站紐約。最後這九天的旅程，先航越加勒比海，再沿著東岸北航，中途在哈瓦那停泊一夜。

第1章

黃金船

一八五七年九月八日，

新型側輪汽船「中美號」從哈瓦那航向佛羅里達。

船上有五百多名從舊金山返回美國東部的乘客，

以及一百五十噸、價值數億美元的黃金。

然而，在航行途中，

他們卻遭遇了前所未有的大災難……

哈瓦那
一八五七年九月八日，星期二

哈瓦那的煤氣燈發出零落的光芒，照射著港區；百多艘船隻黑影幢幢的輪廓之間，只見光線曲折閃爍。黑暗中，「中美號」熄了引擎，靜靜地停泊在熱帶的濕熱空氣中；朦朧的甲板上，只有來回梭巡的守夜人員。此時離天亮還有幾個小時；自從四天前離開巴拿馬之後，船上的五百名乘客第一次平平穩穩地睡覺。

在港口入口處，有一大片褐色、名叫艾爾摩洛的峭壁；峭壁頂上的西班牙國旗，正在等待朝陽的曙光，就像哥倫布在三個半世紀以前登陸以來的情形一樣。當第一道曙光照出峭壁的輪廓，慢慢延伸到古巴的翠綠山脈、漸漸向下照射到海面，西班牙國旗轉成鮮紅跟金黃色時；「中美號」也從黑暗中現身，它是港中最大的船隻。

「中美號」的船身細長黝黑，甲板擦得光亮；甲板室牆壁的老油漆閃著黃光。沿著低舷緣，從船頭到船尾有一道幾乎三百呎長的紅線；三根粗長的桅杆矗立在甲板上。密如蜘網的桅索和支索拉撐著桅杆，瞬間就可以撐掛全部船帆。全船的主要動力來自兩部巨大的蒸汽引擎，它的活塞行程長達十呎，轉動有三層樓高度的側輪。側輪之間，粗黑的煙囱高高聳立，只比桅杆稍低。

「中美號」是新型的側輪汽船，每月二十日定期從紐約開往巴拿馬的亞斯平沃爾港，放下五百位往舊金山的紐約旅客，再搭載五百位從加州東返的旅客。「中美號」原名「喬治法律號」，從一八五三年起，通過巴拿馬路線的黃金，由它運送的多達三分之一。沒有記錄、由旅客隨身攜帶的金屑、金塊、舊金山鑄造的金幣、金磚，數量絕對不會少於有案可稽的。

港口的日出砲聲一響，碉堡裡的號角和鼓聲也跟著響徹雲霄，宣告港口開始作業。「中美號」的周遭立即圍滿一些小駁船，船上載滿香蕉、橘子等水果；只會說西班牙話的船家穿著藍白格子的上衣，一邊比手畫腳，一邊揮動水果。丟下銅板的旅客，就會接到比他們看過兩倍大的柳橙。

再過一小時，船螺響起，船長下令起碇。煙囪冒出的煤煙和煙灰飄過後甲板，側輪捲起白色的水花。船首斜桅像駿馬彎曲的頸部，優雅地指向正前方；船身慢慢滑出港口，進入大海。它以十一節的巡航速度鼓浪前進。帆桁之上，美國國旗迎風飄揚。

對多數旅客而言，這最後五天將是從加州發現金礦的消息東傳之後，多年飄泊的最後一段旅程。孟勒夫回憶說：「我們離家多年，熱切渴望再享天倫之樂。大家都興奮莫名，船上洋溢著我們歡樂的聲音。」

「中美號」越過北回歸線，古巴的綠色山巒逐漸消失在船尾的白色波浪之後。整段航程，「中美號」將隨著墨西哥灣流北上，直趨紐約。灣流的流速兩節半，大大減輕了引擎的負荷。

「就我記憶所及，」二副詹姆士・費茲（James Frazer）後來提到，「我們在一八五七年九月八日，星期二，上午九點二十五分離開哈瓦那，迎著微風航向佛羅里達。」

接著半天，天空蔚藍，海水碧綠，貿易風輕柔，海面平滑如鏡。

轉向西北越過佛羅里達海峽之後，船隻沿著灣流內側航行。灣流距離佛羅里達暗礁只有幾浬之遙。賀登（William Lewis Herndon）船長把航向定在暗礁西轉、與大陸脫離的地方。太陽越升越高，照亮船舷；船艙燠熱，鍋爐煙囪吞煤吐煙，更使溫度增高。

旅客散處在露天甲板上；有的臉部曬得起泡，有的脫皮。有的坐在木凳上，有的靠著欄杆，有的蜷伏在側輪的護欄上，有的坐在雨篷下的椅子上。雖有微風吹拂，但天氣實在太熱，沒有人能夠忍受十分鐘以上。

孟勒夫敘述：「當時萬里晴空，海面有漣漪微波。但到了下午，開始刮風，黑壓壓的波浪洶湧澎湃，像小山高的浪濤上下起伏。」

當天日落時分，頭等、二等艙的乘客在餐廳用餐。稍後回到甲板上，享受習習涼風；有的觀賞即興的諷刺短劇，有的閱讀或聆聽以五絃琴、吉他、小提琴伴奏的詩歌吟唱。大多數人在談論老家的親人，並且因爲近鄉情怯，暗暗擔憂離別之後的家中情況。

賀登船長招待客人之時，孟勒夫站在甲板上凝視遠方，記下離開哈瓦那第一天的日記：「整天赤頭炎炎，但夕照絢麗迷人；到達水平線時，太陽像一粒火球，在波浪上暫留瞬間，然後下沈不見，留下滿天火紅的晚霞。」

戴著金邊眼鏡的賀登船長坐在桌子前，金色肩章從肩膀垂下。他已婚，育有一女；他的身材修長，雖然才四十三歲，頭頂已經微禿，而且滿臉鬍鬚。雖然賀登看起來像教授或銀行家，反倒不太像海員，但他已有二十九年的航海經歷，參加過對墨戰爭、第二次的些米諾爾戰爭，到過大西洋、太平洋、地中海，還有加勒比海。他對帆船、汽船都很專精，而且曾在各種天候之下指揮過這兩種船。他還是國際聞名的探險家，備受敬重；經歷之豐富，沒有任何美國人——而且只有極少數的白人——堪與匹敵。

七年前，一八五〇年八月，船在智利的凡帕拉索港（Valparaiso）停泊時，賀登接獲命令探險亞馬遜河流域；範圍從一萬六千呎高的祕魯安地斯山（亞馬遜河支流的發源地），到亞馬遜河出海口——巴西的巴拉（Para）——爲止，全長四千哩。「進入亞馬遜河的路徑，可由閣下決定，」海軍總部的命令規定，「但本部希望閣下選擇有能力自衛、足以對抗野蠻土著攻擊的路線……抵達巴拉之後，即刻搭船返美，親向本部報告。」

一八五一年五月二十日，賀登從利馬（Lima）出發，全程依賴步行、騎騾、獨木舟、小舟等工具，將近一年之後抵達巴拉。他做了各種記錄、列出時間表、登記沸點、記錄天氣、研究植物、剖製小動物標本，並量度牠們的體型。他對海軍總部詳盡敘述，不僅臚列了科學和商業的觀察，呈報對於氣象學、人類學、地質學以及亞馬遜河的博物研究，還附帶了跟土著溝通的經驗、大自然的美麗奇觀、奇風異俗等等；結果，這份報告成爲空前完美的旅行探險報導。他的成就大大超越上司的預期，國會以《亞馬遜河流域探險記》爲書名，印行了一萬冊。他的探險敘述充滿眞知灼見、溫情和機智，文筆優雅，成爲瀰漫十九世紀的探險和發現精神的象徵。

當晚和賀登船長共進晚餐的客人中，有新婚的安素．伊士登夫婦。安素的一頭短髮全往後梳，下顎蓄著山羊鬚，眼神幽默沈靜。太太愛德琳的眼睛大而迷人，黑髮平整光亮，中分捲成圓圈垂在耳邊。後來愛德琳寫信給舊金山的朋友：「賀登船長安排我們跟他同桌進餐。他的個性爽朗，令我們深感愉快。」

離開哈瓦那的第一夜，聊天的話題指向船難事件。三年前的一次船難，船長和水手自顧逃生，棄旅客於不顧，結果旅客全部溺斃，成了一樁醜聞。愛德琳後來回憶賀登船長如何善意巧妙地轉換話題，他說：「我絕不會棄船逃生；如果船沈了，我會與它共存亡。讓我們換個愉快的話題吧！」於是他敘述了一些愉快的經驗，都是發生在他那次著名的亞馬遜河探險中的事件。

賀登船長迷人之處，就在於他的自我調侃能力。他的故事都在自嘲。故事之一是，有一次，他整天都在河上，後來靠了岸，準備煮些猴肉、猴湯充飢。猴肉太老，但猴肝細嫩可口，他全吃光了。賀登接著說：「猴子終究還是報了仇。當晚，我差點被惡夢嚇死。一個惡魔，手跟猴子一模一樣，掐住我的喉嚨，以殘忍冷酷的眼光盯著我，好像決心要把我掐死……我極力掙扎，把它甩掉。之後醒來發現，原來是我自己忘了拿掉領結，差點窒息而死。」

其他幾桌的牌戲已經開場；拋擲銀幣的叮噹聲，有時蓋過水輪聲。在紅酒酒精和古巴雪茄的煙霧刺激之下，賀登船長那一桌繼續聊到深夜，直到伊士登夫婦進艙休息、賀登也因有船務待理而告退，才終於結束。

在亞馬遜河流域探險初期，進入內陸才六十哩處，賀登走到一個分水嶺，河流在此分別奔向太平洋跟大西洋。當地高度一萬六千零四十四呎，他縱目觀望，一條道路沿山坡蜿蜒而下，直通山腳一個美麗的小湖。到了湖邊，賀登做了一個奇怪的儀式：

「我把一團青苔丟向平靜的湖面，然後在想像中，跟著它順流而下。經過植物繁茂的地區、美麗的天空、迷人的熱帶風光，終於到了出海口。然後越過加勒比海、沿著墨西哥灣流進入大海，最後到了佛羅里達。」

賀登船長想像的路線，正好是多年以後，他擔任「中美號」船長經常航行的路線：越過加勒比海、通過猶加坦，進入墨西哥灣，然後隨著灣流北上。現在「中美號」正在佛羅里達外海，駛進一片暗夜之中。午夜之後，又刮起東北風。

二副詹姆士・費茲在星期三凌晨四點接班時，記錄的海況如下：「頂風、風速二十節，浪頭有白波。」破曉時分，觀測員發現佛羅里達岬白茫茫一片，向西延伸十五浬；東面出現紅色晨曦，陽光透過濃密的烏雲之後，顏色逐漸轉淡。

夜間聽得到船身的輾軋聲，還有風聲。清晨，旅客都被船隻的顛簸搖醒。他們爬上甲板探問，水手證實昨晚就已起風，風勢整晚都在加強。他們看到煙囪的煤煙打轉，感到船頭起伏得厲害。強風和潑濺的海水使得空氣清涼，有些旅客還感到新鮮有趣。

二副詹姆士正午重新接班時，風勢仍強，而且還是頂風。他測量子午線：「船隻沿著灣流西側前進；啓航二十六小時半後，已經離開哈瓦那兩百八十八浬。」

在佛羅里達海岸和大巴哈馬島之間，海風猛烈，海水墨黑。維吉尼亞・博區（Virginia Birch）正在上面和幾位女士聊天，突然「一陣嘯聲，狂風襲來，像是旋風。

我們只得離開甲板。」冒險爬上甲板的旅客也趕快退回大廳，躲避大風和巨浪。整天風勢繼續加強，船頭衝得越來越高，然後摔回海面。

孟勒夫記錄：「下午天氣有了變化，四面滔天巨浪，整隻船搖擺顛簸。」

不習慣海上天候、又受到碰撞聲驚嚇的旅客，開始對強風巨浪感到不安。有的乘客觀看水手熟練、規則地處理甲板上的事務，認爲這是海上生活常有的現象。「大家都信心滿滿，認爲風勢馬上會轉弱，」一位旅客這麼說，「沒什麼好害怕的。」

比恐懼來得更直接、更迅速的是暈船。多數旅客沒有航行的經驗，天氣惡劣時，背風面的欄杆邊排滿了嘔吐的旅客。有人戲稱這是「不道德的旅客對海神致敬」。從週三午餐開始，旅客的食慾越來越糟，連船醫也病了。到了半夜，海浪高過船頭，海水越過護欄，衝上甲板。

「黃昏——如果這也可以稱爲黃昏的話——到來時，」孟勒夫如此回憶，「暴風雨之強烈，是我畢生僅見。大浪蔽天，海水和天空好像擠壓在一起。」晚餐時，餐廳空無一人。一些統艙旅客站著進食，雙腳盡量張開，維持身體平衡；兩肘用力夾住餐盤。博區和伊士登兩對夫婦都因暈船而留在艙房。一位女士說，她不覺得害怕，但這種情形畢竟不算舒適，「至少外子認爲不會有任何危險，因爲我們的船隻堅牢可靠。」

大膽的旅客照樣在大廳玩牌。賀登船長那一桌打的是老式橋牌；船長的對面坐著搭檔蒙森法官。玩這種牌戲對蒙森而言只是聊勝於無，解不了什麼癮頭，可是他依然談笑風生，還述說了一些自己的故事。這條航線蒙森已經來回三次，因此和賀登成了朋友。他對於這種天氣毫不在乎，因爲以前每次都遇到這種季節性的暴風雨。西印度群島附近的颱風，大都發生在夏末，風從外海吹向大陸，使大西洋白浪滔天。牌戲繼續進行到深夜。一些頭等、二等艙的乘客在包廂裡翻轉、暈船了一整天，只好到大廳來。維吉尼亞・博區說：「那一晚，船隻搖晃得很厲害，我和衣躺在沙發上，好難受。」

多數旅客還是留在包艙或統艙，祈禱天亮以前，風勢轉弱，暈眩和嘔吐可以減輕，可以吃點東西，走路可以不再跌跌撞撞。一位統艙的旅客回憶：「下面艙房只聽到小孩的哭聲和暈船的呻吟聲。到了上面，只聽到巨浪衝撞船身，以及強風穿過索具空隙發出的尖銳嘯聲。」

那晚風勢持續，而且開始下起雨來。第二天夜晚降臨時，連水手都認爲暴風雨確實來臨了。

賀登船長把航向轉朝海特拉斯角（Cape Hatteras），急速離開東邊的海岸線。到了週四上午，「中美號」已在聖奧古斯丁東方兩百浬處。巨浪在船頭破裂、衝過甲板，噴濺艙房。有時船身前傾厲害，連側輪的護蓋都淹進水中。統艙裡面嘔吐狼藉，潮濕擁擠，有些旅客冒險通過過道，爬上甲板。他們自我安慰：海洋本來如此，而造船師早已在設計建造之時，就有因應之道。何況早有上萬的船隻遭遇上萬次同樣的風暴。

週四正午，雨勢變斜，「中美號」仍然維持航線，頂著五十節的強風，掙扎前進。雖然風雨交加，甲板一片混亂，二副詹姆士仍然發出正午螺聲，並且計算出從昨天正午以來，船隻又朝正北前進了二一五浬。

兩天前的晚上，有一些男士嘲笑一位女士膽小，連小風小浪都怕。這位女士說：「星期四，我上甲板時，男士們一再保證，叫我不用害怕。」但到了晚間，暴風強烈、濁浪滔天，男士們也都覺得暴風雨方興未艾。前晚還無視於船身顛簸，興致高昂打牌不輟的人，這時也停止牌局，大談暴風雨了。蒙森法官回憶：「暴風雨是當晚談話的主題。有的人——尤其是女士——表示害怕。男士們則盡力安撫，避免旅客恐慌。」

黃昏天快黑時，海水衝進艙房，頭等、二等艙的乘客被迫離開。天黑時，大副把觀測工作移交給二副詹姆士，還附了張紙條，列舉在午夜交班離開船橋以前該做的工作。

週五破曉時，天色灰暗，刮著六十節以上的北北東風。船隻在滔天白浪中顛簸搖晃。厚厚長長的白色泡沫在海面上沖激，有時竄上空中。每個傍晚，旅客們無不企望隔天風勢和波浪都會減弱。但是第二天，風勢都更強、海浪都更大。

船頭衝撞排空而來的巨浪，船身上升後急速下衝。大浪在空中破裂，海水混著雨水噴濺到船上；狂風吹過索具之間的空隙，發出尖銳嘯聲。「中美號」的航程從週二晚間就因風雨受阻，但仍維持航向。上午八點鐘，二副詹姆士交班時估計，船隻的位置是北緯三十一度四十五分，西經七十八度十五分，在薩凡那東方一七五浬處。

詹姆士離開舵輪室時，伊士登夫婦的朋友羅伯・布朗（Robert Brown）正好坐在艙口上方觀看。布朗回憶：「風勢太強，海浪太大，」然而雖和強風巨浪搏鬥，他沒聽到船殼破裂的聲音，「它一直勇往直前，雍容鎮靜，令人激賞。」布朗是沙克緬多的商人，非常滿意「中美號」在危難中的表現，決定下次回加州時，如果需要，他寧可延期兩週，搭乘「中美號」。

湯姆士・貝格（Thomas Badger）緊緊擁住太太珍（Jane Badger），在濕淋淋的甲板上尋找落足之處。他用手遮住眼睛，避免刺人的浪花，仔細研究排空而來的巨浪和上升迎接它們的船頭曲桅。湯姆士體格強壯，當過二十五年的水手；最後十年擔任船長，指揮三桅帆船來往太平洋沿岸。他曾遭遇多次暴風雨，也曾搭乘過「中美號」兩次，但還沒有看過它在大海中的表現。「中美號」也像他的三桅帆船，配備了全副船帆，但多了七五〇噸重的引擎，成爲一頭笨重的巨獸。他發現「中美號」力能應付，深感滿意。

根據海面情況，空中充滿泡沫、白色水珠籠罩一切，湯姆士判斷「中美號」已經遭遇「完全的颶風」了。他說，巨浪「高過山嶽」，風從「正面吹襲」，但「中美號」的表現讓他印象深刻。它「表現優越，絲毫感受不到強風巨浪對它的影響。」他還感覺得到龐大引擎的推力，也看到兩個側輪「緩慢正常的運動。」只要燃煤能夠燃燒鍋爐、只要引擎動力足夠推動側輪，他相信賀登船長就能應付一切情況，安然度過這場暴風雨。

走過甲板，湯姆士遇到正要趕去向賀登船長報告的輪機長喬治・艾斯比（George Ashby）。自從「喬治法律號」在一八五三年八月首航以來，艾斯比就一直在引擎間工作，使鍋爐有足夠的蒸氣推動引擎。這是他的第四十四次航行，湯姆士從前搭乘此船時，就認識他了。

風勢實在太大，湯姆士只能對艾斯比大喊：「風勢可能還會更大。」

艾斯比扯著嗓門回答：「就讓它刮吧。我們有準備。」

事實上，艾斯比是故做鎮靜，沒有他說的那麼有信心。幾分鐘之前，他發現了不能對湯姆士啓齒的情況；對輪機室的部屬下了幾個命令之後，就衝上來找賀登船長。情況緊急，必須立刻告知賀登；如果消息走漏，必定引起恐慌。船隻已有裂縫，船腹進水，但他找不到裂縫所在。

蒸氣引擎依靠蒸氣推動。蒸氣在金屬表面冷卻結成小水滴，水滴結合變大，聚集在機器的小裂縫裡。所有的水滴都來自鍋爐和龐大的活塞，順著金屬管、煙囪和通氣管流下，最後在船腹集結。汽船不會有完全乾燥的時候；集結在船腹的水到達一定高度之後，抽水機就抽出排進海中。

艾斯比發現船腹的水位比正常深得多，不是機器有了裂縫，就是海水滲入船艙。如果抽水機還能正常運轉，裂縫也不大，情況還可控制，但他擔憂的不只是進水，還有別的問題。引擎裝在有六根鐵路枕木厚度的橡木上，占據了全船的中部；兩具火爐和鍋爐，還有七五〇噸鐵焊接起來的煙囪，寬四十呎，在船艙裡高度就有十六呎。引擎後方堆了幾百噸的無煙煤，除了做爲燃料之外，還有壓艙的功用。隨著無煙煤的消耗，船隻重量逐漸減輕，吃水減少，甚至可能浮到側輪無法打水的高度。

離開紐約之前，儲存的煤炭足夠來回之用。目前「中美號」已在回程之中，燃煤消耗，船身較輕，容易吃風。遇到大風，船身就劇烈搖晃。離開哈瓦那之後，遭遇強風巨浪，燃煤消耗更多，所以船身更輕、吃水更淺。在巴拿馬裝運的黃金，不足以補充燃煤減輕的重量。積水快速在船尾集結，船頭上翹。

從煤堆用手推車運煤到鍋爐室，距離約有一百呎。巨浪衝抬船頭，再加上東北風，手推車東搖西滑，難以操控。鍋爐燃煤因而供應不足，無法產生足夠蒸氣。

離開輪機室去找賀登船長之前，艾斯比先找來休息的運煤工和加煤工，下令放棄手推車，排成一列，以人手傳遞桶裝的燃煤。但因為悶熱、陰暗，加上船隻搖晃，工人難以維持平衡，傳遞數量無甚增加。

聽到艾斯比報告之後，賀登船長立即下令服務人員下艙，組成第二列運煤路線。

暴風雨中，船隻最安全也最省力的方法，就是對準風向，開足引擎馬力，維持航向不變。如今船隻傾斜、衝進船隻的海水妨礙燃煤的供應，蒸氣動力不足，側輪轉速減慢。因此，賀登船長只有寄望於船帆，而且必須在引擎熄火之前，就先張掛部分船帆。在命令服務人員下艙支援之後，他又下令在後桅升起縱帆。風暴縱帆是船帆中最堅牢、最笨重的，賀登船長希望它在船尾撐開時，船尾會被吹向左邊，然後利用風力使船頭對準風向。

這時海浪突然增大、升高，變成一座一座浪峰，經強風一吹，破碎成為水箭，漫天噴射。海浪捲起，形成一道高牆，暫時擋住強風。水手把握機會，撐起風暴縱帆。第二道海浪接踵而至，把船衝上空中，強風突然撞擊縱帆，一瞬間，縱帆被撕成碎片。

縱帆一破，賀登立刻下令三副在主桅和後桅較低部位升起更多的小帆片，希望船頭可以對準風向。但因為浪頭太高、船身被拋得太高，船隻沒有反應，全部船帆立刻又被吹裂。強風夾著大雨，水滴就像子彈掃過甲板，發出嘯聲。

船身中間的船艙底部，所有的風雨聲都被鍋爐的聲音掩蓋了。在船隻上下翻騰之間，遠離風雨，可是溫度卻高達一二〇度。

汽船沒有隔艙壁，也沒有水密隔艙來容納小範圍的積水。海水一旦進入船腹，就四處流竄，加上船身搖擺，更是前後流通。當天上午十點剛過，全體服務人員動員傳遞燃煤。艾斯比總算發動了船腹右側的抽水機，開始抽掉積水，排進海中。

接著他開始檢查所有管路和接縫，發現一切正常，所有艙口的鐵蓋也沒有裂縫。在檢查過程中，一桶一桶的煤炭從船後傳到鍋爐室。然而，人手再多、傳遞再快，煤炭永遠不夠火爐所需，蒸氣壓力迅速下降。

右舷船腹雖然發動抽水機，但水位繼續升高；而且燃煤供應量減少，鍋爐產生的蒸氣不足所需。萬一船腹水位高過鍋爐，爐火熱度降低，蒸氣就會凝結，壓力也會下降，右舷側輪轉速跟著減慢，終於停止不動。這時只有全靠左輪打水，但船隻右傾，左輪早已懸空。到此地步，整個船身陷入波谷，任憑海浪擺布。

側輪轉速減緩，使得湯姆士懷疑問題出在下部船艙，所以立即前往鍋爐室檢查供煤過程。水位之高，令他驚慌。他聽到艾斯比警告送煤工人，如果動作不夠迅速，馬上就得舀水了。湯姆士大叫：「別等船隻滿水才動手，現在就開始吧！」

到了正午，煤堆都浸在水中，煤塊隨水漂流。鍋爐室水深及腰，部分工人握住隨水漂流進來的鐵棍以保持平衡。艙房進水太快，船隻迎風角度又太大，水面高到右舷鍋爐。海水濺到鍋爐內部，發出嘶嘶聲響。水珠遇熱變成蒸氣，充滿整個艙房。

艾斯比和其他工程人員發現，引擎室上方的右舷艙房，海水從艙蓋大量湧進，已經有數處水深及腰。進水如此厲害，船隻更趨下風，更往下沈。他們用木條抵住百葉窗，打通甲板，讓海水流入船腹，希望能校正船位。

湯姆士搜查船艙，發現支撐右側輪的長軸附近有個大洞；每次船身向右傾斜，海水就從破洞湧入。他把情形告知工程人員之後，立即跟賀登船長討論組織旅客，成立舀水隊的事情。工程人員用毯子和船帆堵塞缺口，可是立刻就被沖走，於是再塞，反覆不停，但積水還是越來越多。也許塡塞罅縫的麻絮，在船隻的搖晃衝撞中被擠壓掉落了。

前艙本來躲了幾十個旅客，他們摸黑帶著行李，離開統艙到了餐廳。頭等、二等艙的旅客也有部分因爲房間進水，或爲了壯膽，都擠到大廳來了。雖然已是早晨，天空仍然漆黑一片；幾盞昏黃的油燈，照著餐廳裡越來越多、也越來越害怕的旅客。三天前的晚上，他們還聚集在此，慶祝回家最後一段旅程的開航。

正午，二副詹姆士回到上面甲板值班。半小時後，賀登船長步履艱難地走到舵輪室，發現詹姆士拚命掌舵，設法把船頭迎向頂風。「沒用的！」賀登大叫，「我已經試了整個上午了。」詹姆士請示賀登，是不是可以避開頂風。

賀登一邊走進暴風雨中，一邊大叫：「讓它離開，什麼方法都好。」

大廳的旅客越來越多，茫然看著天花板的橫樑，聽到的都是風聲、浪聲和海水衝過甲板的聲音。除了風浪襲擊船身的聲音以外，只有憑藉風聲判斷風雨的強烈程度。

博區夫婦週三、週四兩夜都睡在大廳的鐵板凳上。維吉尼亞後來回憶：「週五上午，船身向右傾斜，鋼樑發出斷裂的聲響。我們知道船身出現了裂縫。」

從週三開始，伊士登夫婦都因暈船留在右舷包艙裡面。正午左右，大浪撞擊船身，大廳的旅客都聽到好像船樑斷裂的爆裂聲。伊士登夫婦的艙房傾斜，愛德琳往舷窗一看，發現窗口已在水下。

她大叫：「安素，船沈了！」

船隻向右傾斜過劇，他們都沒有辦法繼續躺在床上。顧不得暈船，兩人隨便抓點東西披在睡袍上，衝到大廳。

「我一向聽說『法律號』堅牢可靠，」愛德琳後來回憶，「所以開門看到終生難忘的景象之前，我根本毫不擔憂。人人沈默著，但驚慌的面孔顯示我們正處於生死關頭。只有一位女士流淚，其餘的都緘默靜坐，眞是一幅絕望的景象。」

風浪實在太大，積水也實在太深，聚集在大廳裡的旅客根本不知引擎幾乎已經熄火。積水淹熄了右舷的爐火，在船艙亂竄；陣陣水浪流向左舷火爐。水流遇到鍋爐，嘶嘶作聲，化爲蒸氣。蒸氣驅逐新鮮空氣，熄滅爐火，弄濕煤氣燈。旅客陷入黑暗，呼吸困難；鍋爐工和傳遞燃煤的工人摸黑工作。

側輪尙能轉動，但越來越慢。燃煤已經無法傳送，賀登船長下令水手拆解家具和床鋪的木頭丟進火爐。只要能夠維持一部引擎轉動，只要抽水速度快過進水速度，就有希望撐過暴風雨。遺憾的是木頭的火力遠不如無煙煤，引擎轉了幾轉就嘎然而止，爐火被水沖熄。

艙外，颶風吹落索具和桅杆，重擊甲板，似乎要擊碎「中美號」。墨黑的濃雲在墨黑的海面翻滾，海浪高聳，陡如峭壁。

到了下午，賀登船長只想維持航向，不再奢望對準風向了。可是颶風把「中美號」吹離航線，轉向東南。此時，引擎完全熄火，船隻摔進波谷。原先船頭還能衝破海浪，現在舷側的海浪有如小山，排山倒海般壓了下來，從船頭到船尾都不能倖免。

幾百位乘客集中在餐廳等候消息，互相安慰。突然一聲震天大響，大家都以爲船頭下沈了。原來是大風吹落一艘救生艇，救生艇滑過甲板，撞破舵輪室，墜入海中。

不久之後，賀登船長出現在蒙森法官艙房門口，手上拿著經緯儀和六分儀。他要求把儀器存放在蒙森房間，因爲存放在上層甲板房中，可能會被沖走。

大廳中，曾經遭遇海上惡劣天候的婦女設法安撫別人，她們說「中美號」船身堅固，已多次遭遇這種天氣。兩個九歲左右的小女孩對暴風雨渾然無知、毫不害怕，坐在桌旁享用食物，頗爲自得其樂。目睹這幅景象的一位老婦人後來回憶說：「盤子飛馳碰撞，掉到地面破碎時，她們還開懷大笑，認爲是難得的遊戲，根本不知身陷險境。」這兩位小女孩快樂進餐的時候，船長的佣人跑來大喊：「全體人員快到下面幫忙傳遞水桶。」

一位女士說：「聽到這一叫，女士們知道情況危急，都傷心大哭。」

賀登接著也到了餐廳門口，鎮靜地高聲宣布：「全體男士準備舀水，因爲引擎已經熄火……」

廳內立刻充滿喃喃之聲。愛德琳驚訝地問丈夫：「這是什麼意思？」

「……我們希望能夠減少積水，重新發動引擎，」賀登繼續說，「本船相當堅牢，只要能夠產生蒸氣，就能化險爲夷，度過這場風暴。」

雖然「中美號」進水已有幾個小時，積水已經高達八到十呎，很多旅客這時才知道船隻有了裂縫。聽到船長的請求，有些人立刻脫掉外衣，參加工作。

安素與布朗立即準備加入。愛德琳對安素說：「安素，如果你沒有娶我，就不會遭遇這些麻煩了。」

「就算我事先知道，」安素回答她，「我還是會娶妳。」

愛德琳事後回憶，「在這生死關頭，所有歡樂和愛情都將消失之前，這句話使得颶風、船難，都無足輕重了。」

他們決定那一刻來臨時，要手牽著手一起下沈。

安素又說：「只要還有一線希望，我們都得努力。」

然後他吻了妻子，和布朗一起加入工作。

水手蒐集了幾十個水桶。賀登說明還有幾部抽水機照常運轉，但抽水速度不夠，大家必須使盡全力，才有希望舀乾積水。幾百個乘客由湯姆士分派，組成三列舀水線，一列在前面統艙，一列從引擎室開始，第三列從後艙直到過道；三列最後都到達露天甲板，把水倒進大海。

舀水的人手大都是農夫轉成的礦工；他們到內華達山脈淘金，克服惡劣環境，不但身體健壯，也培養了堅定的毅力。一個旅客回憶說：「工人的聲音快樂、有力，蓋過風雨聲和浪聲。」歌聲引發風雨同舟的情緒、驅逐恐懼的念頭；傳遞的節奏也似乎減輕了水桶的重量。大家幾乎都在暈船，而且食物不足，但歌聲和夥伴表現的精力，使他們埋頭苦幹，忘了飢餓。

賀登船長好像分身有術，到處都有他的身影：在大艙安慰婦女、在甲板指揮水手、來回舀水線路，鼓勵大家。雖有女士表示，船長應該在甲板指揮，不用分心前來安撫她們，但多數還是感激他到大艙來「鼓舞旅客、減輕恐懼」，「他故意淡化危險，但至少他比其他人更能鼓舞大家。」

多數婦女都已暈船三天，但在週五下午，還是有幾位要求跟男士們並肩奮鬥，傳遞水桶，但遭拒絕。女士們只有招呼小孩，觀看男人傳水，希望從他們的表情看出端倪，等候獲勝的消息，再聽到大引擎的隆隆聲。男人則告訴她們勝利在望，不必憂慮。隨著水桶傳上來消息：蒸氣壓力已經增加、抽水機運轉順暢、暴風雨即將減弱。實際上，風浪繼續肆虐，情況維持不了多久。

十九歲的安妮・麥尼爾（Annie McNeill）記得「女士們表現極大的勇氣和鎮靜，沒有一個流淚。男士們說，危險即將過去，要有信心。我們雖然知道危機迫在眉睫，但不知實際情況。他們一直保密，不讓我們知道實情。」

消息傳來：男士們戰勝積水，鍋爐可能再度點燃，可以獲得蒸氣推動船隻。不久，果然感覺得到引擎的震動，爲大家帶來新希望；男人工作得更加起勁。但側輪轉了兩三圈後就停止了。這時進水的速度更快，流到火爐和汽鍋，引擎就此熄火不動。

女士們感到引擎停止，立刻派遣一位男孩上去詢問原因。回到大廳時，他說有人告訴他，引擎停止是因爲側輪太累，需要休息。

一位女士說：「這麼回答，是因爲發問的只是個孩子，也不願引起驚慌。」其實女士們心知肚明。

「大浪像雪崩般壓下來，」維吉尼亞說，「所有艙房都已進水，全船暗如地獄。婦女們寂靜無聲，冷靜又鎮定。我這一生沒見過比這群更冷靜的女人。有些婦女要求參加舀水工作，但都被男士以『不用了，不會有問題』爲由而婉拒了。」

男人大都在加州山區翻過溪石，因此傳接二十磅的水桶並非難事，但是不眠不休地工作，弄得全身痠痛。海水不斷滲入，只要稍微停頓，水位馬上就升高一兩吋。三個小時之後，有些人已經難以維持平衡，防止桶水濺出，傳遞速度也沒那麼快了。這些男人之中，攜家帶眷的不到三十個，多數只需保護自己一人。但基於道德感，他們繼續不懈地工作，好像少了他，船隻就一定會連同婦孺沈入海底。

整個下午，婦女們聚集在大廳等待、觀看男人工作，照顧、安撫小孩，感受船隻的碰撞和破裂。男人繼續傳遞水桶，但歌聲已歇。

船隻陷入波谷，傾斜厲害，賀登船長繼續設法維持航向。他下令升起足夠船帆，想借助風力把船頭吹向右舷，可是屢屢被強風打碎，毫無作用。

於是賀登船長放棄掛帆，下令把船錨放下拉到船頭，想藉此使船身轉向。但是最重、最大的船錨懸掛在船頭前方，人員無法到達。二副詹姆士放下帆桁，用粗繩套住一個小錨，把它推出約四十噚。

下午五點半，船隻嚴重向右傾斜，人員已經無法在甲板上行走。三支大船桅都已傾斜，伸出海面，幾乎刺進海浪之中。既然船帆和索具都已失去作用，賀登下令二副詹姆士砍掉前桅杆。

可是砍下來的纜索經狂風一吹，竟然纏住錨座，套住倒下的桅杆，結果桅杆懸在船側，不停撞擊船身。詹姆士說：「我相信船桅落下撞擊船身，裂縫因而加大。這種事當然無法確定，可是有段時間，船身確實嘎嘎作響。」

他們又把錨鏈放出一百噚，一頭緊緊纏在桅杆基座。如此一來，船頭右舷被緊緊拉住，反而浮不上來。後來在深夜時，錨鏈也消失了。賀登船長的最後掙扎是在船後索具之間，象徵性地撐開一些小帆片。帆片很小，不至於被風撕裂，但也沒有助益。傍晚時分，賀登船長已經用盡一切方法，無能爲力了。

下午七點，船上五百多人不是在舀水，就在照料抽水機。長長的行列，蜿蜒分布在船上各處；水桶雙向傳遞，手臂的動作像是蜈蚣的百足。船隻上下顛簸，人員時常撞成一堆，水桶脫手飛出，互相碰撞。海浪打上甲板，沿著通道流入船艙。

整個下午，水位確實下降，大家舀水也更加起勁。到了夜間，水勢和他們扳成平手；天黑兩個小時之後，水位又開始上升。他們不眠不休地奮戰到深夜，疲勞過度，連維持行列都成問題。艙外，狂風在暗夜中怒吼，風向轉成東北。

早先擠在餐廳照顧孩童的婦女聽到水聲時，還以為是海浪衝擊船舷；等到大家開始舀水時，才知道原來船艙進水。此時水位已到了她們下方的船艙了，水聲更大。

安妮．麥尼爾回憶說：「整個晚上，水位繼續升高，狂風繼續怒號。船身顛簸搖晃，發出可怕的聲響。纜索帆桅破碎，千百種東西互相碰撞，眞是恐怖。但是大家不哭、不叫地忍受下來。」

安琪琳．波利（Angeline Bowley）抱著兩個嬰孩——兩歲的查爾斯和一歲的伊莎貝拉。她說：「我們似乎更鎭靜、更聽天由命。那些沒有小孩好照顧操心的人，都跟男人一樣勇敢、充滿希望。但我又暈船又衰弱，還帶著兩個小孩，難免恐慌。幾位女士毫不畏懼，眞是令人尊敬。」

夜深時，婦女用僅能找到的硬麵包和淡水、大量的白蘭地等酒類供應男士。因為沮喪又疲勞，有的男士縱情喝酒，脫離隊伍，躲進房間。清醒的也都絕望放棄，累得無法動彈。繼續工作的，後來都筋疲力竭，像死人般躺在甲板上，直到賀登船長或二副詹姆士徵召人手時，才站了起來。

安琪琳說：「唯一的安慰是男士們使盡全力，工作得像牛像馬。這輩子我沒看過工作這麼努力的人。」

愛達・霍利（Ada Hawley）問丈夫費德烈克・霍利（Frederick Hawley）累不累，他說：「我是累了。可是爲了妳和孩子，我可以再奮戰四十八小時。」

愛德琳和兩位女士幾度要和男人並肩奮鬥，都遭到拒絕。愛德琳後來回憶，她那時眞想化身爲男人。「我們不知坐了多久。再幾個小時，我們都將進入永恆。舀水工作徹夜不斷。我的丈夫累了，就到我身邊依偎；稍事休息，立刻又回去工作。我們平靜交談，並對上帝──唯一的希望和避難所──禱告。祂接納我們的禱告，在危難之中，給了我們安慰……平安的時候，絕對無法了解絕望之時，信仰全能的主有多可貴。我覺得這生所作所爲，都不值得祂的愛，可是我們都在祂的手心，順從祂的意志。經歷了恐怖的夜晚之後，我們一起禱告，心裡明白隨時都會是最後一刻。我們冷靜地談到親友、短暫的歡樂時光、未來的希望。我們都覺得此刻的人生最爲迷人。時刻來臨時，我們將要綑綁在一起，讓同一陣海浪把我們一起吞噬。」

當晚十一點，愛德琳突然想起結婚禮物：酒、餅乾等食物。她回到艙房把它們全部帶上來，分發給疲憊的男人。他們只休息幾分鐘享用，然後立刻又開始工作。

「伊士登夫人，」約瑟夫・貝斯佛（Joseph Bassford）對她說，「盡量供應酒類。酒精可以激發意志，增加力氣，還可以增進勇氣。」

週五晚上，勁風吹刮甲板；水位每小時升高六吋。滿滿的水桶利用人手傳遞，從統艙、輪機室、下層艙房，經過通道傳遞上來，空桶再反向傳遞下去。舀水工作從未停止，即使累得說不出話，怕得不敢說話，他們還是默默地工作。到了清晨四點，他們都已疲憊不支，水位迅速上升。他們繼續工作，女士們在旁鼓勵：再一小時天就亮了。

愛德琳這麼寫著：好疲累、漫長的夜晚啊！真是度秒如年！清晨，賀登船長說，如果能再支持三四個小時，我們就有可能獲救。也許風勢會減弱，也許可以生火獲得蒸氣，也許可以獲得附近船隻的救援。再沒有像星期六那麼受到衷心歡迎的早上了，然而這卻是許多具有高貴情操的人們的最後一個早上。

「中美號」一八五七年九月十二日，星期六

黎明一到，「中美號」全船男人精神大振。從雨中可以看到天邊的陰霾，海浪不如

先前洶湧，雲層也開始變薄。風向轉成西風和西南風，風力轉弱，風速差不多是四十浬。然而，陣陣強風仍然吹得船隻搖晃顛簸。賀登船長明白，雲層變薄是暴風雨減弱的前兆。但他仍然鼓勵舀水的人們；他說暴風雨正在減弱，只要繼續舀水，到了中午必可保住船隻。他對大艙的客人也做了同樣的宣布，要大家千萬不可放棄希望。蒙森法官說：「這個宣布鼓舞了工作人員，也為女士們帶來歡欣和勇氣。」

旅客雖感歡欣，賀登卻知道這些都是子虛烏有的希望。他知道海浪還會增高，風勢也會加強。他知道七五〇噸重的鍋爐和引擎，外加滿艙的積水，以及源源湧入的海水，將使「中美號」沈沒。他也知道舀掉一桶水，只不過為旅客和船隻爭取到幾秒鐘的時間；但也許就在這爭取到的極短時間內，天外飛來救星。「中美號」位於繁忙的航線上，如果能夠撐過風暴，也許全船的人都能獲救。

早上八點，賀登到了蒙森的艙房，告訴蒙森，除非風雨馬上停止或遇到他船，他們已經毫無希望了。

蒙森事後說：「我可能是船上唯一由他告知眞相的人。賀登船長非常鎭靜，他的一切作為，是要維持大家的勇氣，直到最後一刻。」

賀登船長下令降旗，然後倒掛旗子，重新升上，這是船隻遇難，向附近船隻求救的信號。接著他下令在尾桅杆基座裝上轆轤，拉了繩子，綁上空的豬肉桶跟牛肉桶，從後艙的三個通道伸下。下面的人用水桶舀水，裝滿肉桶以後，拉上倒進海中，如此每分鐘可以清除四百加侖的積水。

整個上午，九組索具就這樣運作。湯姆士說：「手傳水桶的人員也有三列。女士再度要求加入，也再度遭到拒絕。在這風雨同舟、患難與共的時刻，她們鼓舞了我們的工作情緒，格外起勁。其後兩個小時，水位明顯下降。」

賀登船長繼續到處打氣，鼓勵大家賣力工作，懷抱希望。十點鐘左右，湯姆士向賀登船長報告，風雨雖然稍弱，水位卻再上升。引擎、鍋爐、火爐都已浸在十四呎深的水中，水位離二層甲板已經不到四呎了。

湯姆士說：「船隻一定會沈沒。」

船長同意：「一定會沈。我早有了心理準備。」

兩人談話時，輪機長艾斯比衝進船長室。

湯姆士告訴他，船隻一定會沈沒。

艾斯比大吃一驚：「不會的！它不會沈！我絕不讓它沈沒。我們必須趕快工作，把水舀光。」

湯姆士回答，要是這麼說能夠降低水位，該有多好。可是大家都已經拚命工作整整一個晚上了，水位還在繼續上升。雖然時辰未定，但船隻一定會沈。

賀登船長終於在這兩人面前透露眞情：他也在爲生死掙扎，在爲即將和嬌妻艾倫、愛女伊蓮永別而哀傷。他既疲憊又灰心。這樣和家人永別，實在艱難萬分。身爲船長，縱使旅客可以獲救，他也決心與船隻共存亡。離開船長艙，賀登又成了勇敢果決的指揮官。他可能失掉船隻、郵件和價值幾百萬的黃金，但是將近六百條的生命交付在他手中，直到海水淹沒甲板，把他們連同船隻一起吞噬，走進永恆爲止。他還是寄託於渺茫的希望，期望他們都能獲救。在甲板上、在船艙裡，他鼓舞大家的熱望，好像獲救時刻即將來臨。大家都受到感染，緊緊擁抱著微弱的希望。

愛德琳如此描寫星期六上午的情形：感謝上帝慈悲，晨曦終於出現。新的努力再度展開。三組轆轤的水桶在日光中上上下下。有時好像水位稍退——至少沒有升高。雲層稍淡，風勢稍憩。大家精神煥發，工作情緒更為高昂。船身幾乎浮正。煤氣燈恢復平穩的景象，真是美妙可愛。可是海上看不到帆影。我們談到曾經有艘汽船進了水，漂浮了十一天。大家都覺得滿有希望。

希望只持續了幾小時。中午烏雲籠罩，風勢變強，海浪更高。五百人拚命工作，水位還是繼續升高。船身下沈厲害，海水已經從右舷的窗口流入，有些船艙浸水三呎。

愛德琳回憶：「不論大家如何努力，還是輸給海水。風聲雨勢繼續增強，大家都有說不出的恐懼。」

一位婦女悄悄地帶著孩子進入艙房，「如果船眞的要沈，可以沈在一起。」

湯姆士離開船長室前來安慰太太珍時，她說：「我準備好了……」湯姆士認爲放棄希望於事無補。不錯，可能大家都會死，可是幾百人還在繼續努力，不肯停止，他必須讓工作繼續。所以珍還沒說完，湯姆士已經轉身上了甲板。珍盡量不讓別人看到她流淚哭泣。經過片刻努力之後，她轉向身邊一位女士，強顏歡笑地說：「上帝慈悲。也許會有別的船隻來救我們。」

獲救的機會逐漸渺茫，但舀水工作繼續不停。時間和海水終於摧毀了所有希望。他們幾乎忘了恐懼、忘了憤怒，只是機械般地繼續工作，一切聽天由命。又有幾位男人離開舀水行列，把自己鎖在艙房裡。他們都已筋疲力竭、沮喪萬分，再也不肯出來。繼續工作的人，也不再幻想能夠憑他們的努力，重新發動引擎。每桶倒掉的水，都只能換得幾秒鐘的苟延殘喘而已，但大家還是寧願工作得筋疲力盡，而不願焦慮無助地坐以待斃。

不眠不休的奮鬥持續了二十四小時。到了週六下午兩點鐘左右，突然一聲大叫：

「有船來了！」

八月二十九日，雙桅帆船「海事號」（Marine）從古巴卡迪那港出海；裝運糖精，前往波士頓。船隻全長一二〇呎，船上有五名水手。他們在黎明啓航，航行的前十二天風平浪靜，然後在薩凡那外海遭遇颶風。船身軋軋作響。因爲放置在船頭裝了大量淡水的水桶破裂，只好砍破右舷，讓水流掉。週五上午，大浪沖走第二斜桅、前帆，以及全部的纜索。接著風雨交加，主帆架、中桅帆都被吹走。

「海事號」船長海藍・柏特（Hiram Burt）回憶：「星期五下午，刮的是十足的颶風。」他下令降下所有船帆，剩下光禿禿的桅杆；希望以船頭衝破海浪，免得海浪打到船上，「可是整夜風勢強勁，絲毫沒有減弱。」

週六破曉時，風雨略小。柏特在五點調整航向，準備頂風開往諾福克港（Norfolk）整修。這時風力減爲中等颶風，但海浪仍舊洶湧不停。船帆所剩無幾，「海事號」光著船桅，順風前進。在「中美號」上，賀登命人隨時觀察海面。正午剛過，觀測人員發現天邊一個黑點很快地變成在風浪中搖晃前進的船。「有船來了」，震撼了所有的人。消息傳過甲板、舀水線，然後到達大廳。消息太過突然，大家又笑又哭，不敢相信。這些面臨死亡的人們認爲一生當中，從沒有像這樣好運當頭。

一位女士說：「在死神獰視之下，希望的出現一下子擊潰我們的自制。尖叫、大哭、啜泣，死亡的恐懼換成了希望的刺痛，僵硬的表情變成激動的紅暈。大家熱淚盈眶，朋友、親子、夫婦互相擁抱，充滿激動之情。」

愛德琳事後回憶：下午兩點，我們陷入絕望之時，突然聽到「一艘帆船！一艘帆船！」的叫聲，接著就看到它朝我們開來。大家都爲此歡呼。遭遇風暴以來，我第一次流下感激的眼淚。強壯的男人都哭了，女人也大哭大笑，甲板上一片騷動。從船尾傳來船長的命令，才恢復了秩序。所有的眼睛都盯著逐漸接近的那艘船。

賀登船長站在後甲板，望遠鏡對準東北方的黑點。他下令發射信號彈，再次升起求救旗幟。信號彈的聲音在海上可以傳播幾浬，但煙幕卻立刻被大風吹散。然而，在漆黑的海面上，柏特船長還是看到了信號彈的強光。他把船頭對準西南方，逐漸接近「中美號」時，他發現船上掛著遇難求救的旗幟。柏特把他那艘剩一支舵的破船朝「中美號」開去，可是在浪濤洶湧的海上掙扎了好久，仍然徒勞無功。

距離太遠，賀登船長無法判斷「海事號」的大小：它能容納全部六百人？還是只能救走幾個人？海浪如此之大，人員應該如何接運過去？賀登確定對方已經發現他們之後，要求站在身邊的蒙森法官到他的艙房去。

「他擔憂大家會爭先恐後，」蒙森法官後來回憶說，「他希望先救小孩和婦女，並需要幾位旅客幫忙維持秩序。」

船上還剩五艘救生艇，「海事號」也會有救生艇。賀登估計「中美號」頂多只能再撐十五小時，所以要求蒙森把全部旅客接駁上「海事號」。這時，「海事號」已經接近

「中美號」船頭的迎風面了。

下午三點鐘左右，柏特發現原來是正在下沈的「中美號」。他繞過「中美號」船尾，到達右舷。兩船距離近到可以清楚辨識柏特和水手的面孔。「海事號」不到「中美號」一半大，船身進水、桅杆損壞，後斜桅被風吹掉，可是它是暴風雨中出現的救星，是衆人不敢夢想的救星。旅客高聲歡呼，都以爲可以安全獲救了。

依照柏特的說法，賀登向「海事號」致敬，「平靜得就像例行公事。」賀登大聲宣布：「我們正在下沈，請留在船旁直到天亮。」

柏特答覆：「我一定盡力而爲。」

男人常會思考，遇到大火時應該如何應付，但眞正面臨大火時，男人總是冷酷而令人厭惡，遲緩而卑鄙。船隻遇難將要沈沒時，船長和水手常常必須以槍口對準男人，阻止他們爭在婦孺之前，搶上救生艇。但有時連船長和水手的行爲，都令人不敢恭維。四天前的晚上，賀登才半開玩笑地轉換了船難的話題。他宣稱，如果他的船遇難，一定與船共沈海底。這是海員的口頭禪。三年前的一次船難，船長和水手搶了救生艇，自顧自的逃生。二八二名旅客中的二五九位——包括全部的小孩和婦女——全都淹死。賀登的朋友都知道，三年來，賀登爲了這個故事寢食難安。現在他面對的是更大的災難，如果沒有光榮的求生方法，他絕不願忍辱偷生。

「中美號」有一艘金屬救生艇，另有五艘木艇。這種配備不很恰當，卻是當時的習慣做法。前天晚上，一艘木造救生艇被颶風刮落，撞壞舵輪室掉進海中。每艘救生艇都有四位操槳人員、一位舵手，可以容納四、五十位旅客。但此時情況特殊，操槳人員壓力太大，每艘只能裝載十五人到二十人。「海事號」一靠近，賀登下令左右舷各準備一艘救生艇，然後分發救生衣給婦孺。

第三艘救生艇一放下，就被海浪沖開，再回撞到船身，艇身粉碎，木片亂飛。操槳手極力穩住水中的兩艘，避開汽船船身。另一艘木艇平安放到水中，但金屬艇一下水，立刻被大浪撞翻下沈。

大艙中的婦女和小孩準備搭艇上「海事號」。爲了減輕重量，女士們必須脫掉內衣、裙套，只穿一般衣服，再套上救生衣。年齡較大的小孩也要穿上救生衣；幼小的就裹住毯子，由母親抱在懷裡。

很多婦女隨身帶著大量沒有交付保管的金錢，登艇時只准攜帶兩個二十元的金幣。兩位女士交出兩袋金幣時，哭泣著打開袋子，甲板上灑滿了價値一萬一千美元的金幣。她們含淚宣布，想要的人，可以自行拾取：「這是我們在加州所賺的全部財富，本來是要帶回家安享餘年的。」

婦女們丟棄多餘的衣物，穿上救生衣時，船長派人下來宣布：船長請所有女士立刻到甲板集合。

她們衣服凌亂地牽著小孩走向通道。到達甲板時，海浪仍大，水波到處飛濺，全身立刻濕透。婦孺們奮力走到船邊，準備登上救生艇；五個水手極力穩定艇身，避免碰撞或下沈。賀登船長下令，除非婦孺都已上了小艇，不准任何男人先上。一位男士說：「登上小艇的時候，旅客都極端冷靜自制，沒有男人企圖搶登。賀登船長的命令，大家都徹底遵守。」

臨上救生艇時，安妮．麥尼爾回頭看到賀登船長站在濕淋淋的甲板上，表情憂傷。船長說他要和船隻共存亡。後來她回憶：「他用盡一切力量搶救別人。他眞是個仁慈、慷慨的君子。如果他有過失的話，那也只是對屬下不夠嚴苛而已。」

讓婦孺登上小艇的唯一辦法，就是讓他們坐在繩椅上，一次從甲板放下一個人。這時操槳手必須極力穩住小艇，並且盡量靠近船身。一位女士回憶說：「繩椅其實只是一個活結，繞住腳部，沒有靠背，雙手必須抓著前面垂下的繩子。小艇只能在兩次浪潮之間靠近船身，所以有時我們懸空等待海浪退去。」

海浪先從船身退開，然後呼嘯而至，衝擊船身。小艇必須盡量接近，才能接到從甲板丟下的婦孺，同時又必須和船身保持距離，避免海浪衝擊而碰撞船身，撞得粉碎。

婦孺從甲板上往下跳時，先是懸在半空中，等海浪推高艇身、接近船身時，在船上拉住繩子的人，必須立刻放手，讓坐在繩椅上的人墜下。有的人直接落入艇中，有人掉進海裡，被旁人七手八腳地拉上來。海浪速度既快、勁道又大、方向不定，想要直接落入艇中，實在艱難萬分。有人劃破皮膚、鼻青臉腫，有的扭傷腳踝，撞到肩胛；有的連續掉進海中三次。

有的女人被引到繩椅的時候，瘋狂地尋找孩子，呼喚朋友，但聲浪都被混亂淹沒。有的在混亂中匆匆被丟下救生艇，才發現孩子不見了。有的幫忙照顧別人的孩子。賀登到處巡視，監督整個過程，以保證婦孺都能先上救生艇。

珍・哈理士（Jane Harris）懷抱嬰孩，要從通道上到甲板，但船隻搖晃，行動困難。賀登船長見狀，立刻請人幫忙；等她上了甲板，賀登船長還協助她坐上繩椅。

她回憶：「船長用繩子繞著我；下降時，應該也是他幫我控制繩子。他眞是一位人格高尙的君子，這輩子我永遠忘不了他。下降時，巨浪沖來，小艇被沖開，我懸在半空中晃來晃去；等到小艇衝到我的正下方時，我才被丟進艇中。站好之後，我往上一看，船長正在包裹我的小孩，然後垂下來交給我。」

比利・博區也離開了舀水線，找到太太維吉尼亞，替她穿上救生衣。他們一起回艙房尋找維吉尼亞的外衣，發現了籠中的金絲雀。維吉尼亞不願小鳥隨著船隻一起滅頂。她回憶說：「我立刻把牠從籠中取出，裹在衣服裡。比利一直催我動作要快，犯不著爲了這麼一個小東西浪費時間。」他們擠過人群，維吉尼亞立即被套上繩椅，與新婚三週的丈夫告別。「我以爲大家都可以登上『海事號』，否則我絕不會丟下比利。當時比利叫我先走，並說馬上會趕來會合，我才先走。」她把金絲雀放在衣服裡；垂下時，她掉進海中，全身濕透，還嗆了水。

許多婦女都以爲丈夫隨後會上救生艇與她們會合，或搭乘其他的救生艇，但所有的男人在婦孺安全登上「海事號」以前，都不願跟太太一起走。

少婦瑪麗・史溫（Mary Swam）帶著未滿兩歲的嬰孩準備登艇以前，她的丈夫擱下抽水工作來找她。「分手前一個小時，他向我告別。他說：『珍重了，此生不知還能不能再見。』想到我可以獲救，他非常高興；只要我跟小孩能夠生還，他不在乎自己。他還說婦孺離開之後，只要有機會，他一定會以光明正大的方式盡量求生。船難以前，他已經病了幾天，還是堅持不肯放下抽水工作。」

船上唯一的黑人女服務生露西・道森（Lucy Dawson），緊接在維吉尼亞之後上了第一艘救生艇。大家暱稱她露西姑媽。她的體格強壯，有一點年紀；摔進水中三次才被拉上救生艇。

接著三位女士和六個小孩上了第一艘救生艇。由四名水手操槳，水手長約翰・布拉克（John Black）掌舵。小艇划開時，維吉尼亞聽到賀登船長對約翰・布拉克大喊：「請對方的船長看在老天的份上，請他整夜停在『中美號』旁邊。船快要沈了，船上還有五百條人命、一百五十萬美元的黃金。」此時，另外兩艘救生艇也快要裝滿婦孺了。

在舊金山登船之前，湯姆士・貝格交給妻子珍・貝格總價一萬六千五百美元的二十元金幣。珍分別縫成三袋，放在行李箱中。離開浸水的艙房之前，珍打開行李箱取出金幣，用毯子包好。可是包裹太重提不動，只好放棄。

湯姆士掛在大廳的衣服口袋中有一本記事簿，上面記載幾筆他人的欠款，約有幾千美元。珍費力地穿過積水，找到這本記事簿，把它和價值一千五百美元的珠寶、內有四十美元的皮包一起放在一個小袋子裡面，然後才回到甲板。湯姆士要她丟棄珠寶等有重量的東西，但她堅持不肯。

互道珍重之後，湯姆士協助珍坐上繩椅，放到救生艇上。然而大浪沖開小艇，珍掉進海中。珍剛被拉上救生艇時，船身搖晃厲害，她蜷曲不動；等她坐定時，上面摔下一位體型壯大的女士，恰巧壓到珍的肩部和頸部，撞傷了脖子。這時艇上幾位女士奮力舀水，但作用有限。

「中美號」上的男人知道凶多吉少，連哄帶騙地讓太太登上救生艇，而婦女們都以爲可以在「海事號」與丈夫重聚。安妮．麥尼爾是孤兒，十九歲時嫁給三十三歲的丈夫；她隨身帶著一萬七千美元和一些鑽石、珠寶。安妮說：「如果我知道男人不會跟來，我決不離開我的丈夫。」他們結婚才五個月，安妮又舉目無親。「他一再保證會跟我一起走，直到我坐上繩椅，才說我平安最重要，他會好好照顧自己。」

準備離開艙房時，愛達．霍利問丈夫是否到「海事號」會合，丈夫不發一語，只取出行李箱的錢交給她。愛達已經病了幾天，兩個孩子也需要照顧。丈夫抱著較小的孩子，另一個由朋友幫忙帶著，匆匆趕到甲板。「海事號」就停在一浬半之外。

愛達回憶，船上的水手抓著孩子的小胳臂，讓他們懸在海浪上，等救生艇移到下方，才由艇上的水手接住。這個景象眞令人不寒而慄。我的小嬰孩因爲吸入飛濺的浪花，幾乎快窒息了。當時我只帶了一條厚披肩和一只手錶。

小艇一滿，立刻奉命划開。賀登船長又重複一次：「看在老天的份上，請『海事號』整夜停在『中美號』旁邊。」

小艇划開時，愛達看到丈夫站在舵輪室，吻手告別。

愛德琳．伊士登自行到艙房，在睡衣外面加了一件連身長裙，然後取出母親和兄長詹姆士的肖像畫和一些錢，披上披肩，穿上救生衣，準備往甲板跑去。

才走到門口，正好丈夫安素趕來催她。他說：「我們都可獲救，但女人和小孩優先。」

「沒有你，我也不走，」愛德琳說。一想到要把丈夫留在船上，愛德琳的勇氣頓失。安素要她立刻就走，他隨後就到。這時友人羅伯・布朗也到了艙房門口。他說：「愛德琳，動作快一點。救生艇開始載人了。」

安素迅速從行李箱中取出一件大衣，再把剩下的九百多塊錢和重要文件塞進大衣口袋，再把大衣捲成一團。他們到達甲板時，第二艘救生艇也快滿了。賀登船長告訴他們只剩下一艘救生艇了，「原來有五艘，海浪衝碎了兩艘，只剩三艘。」可是他估計，天黑以前，救生艇應該能夠來回幾次。

愛德琳後來回憶說：「我搭上第三艘；我告訴安素，沒有他我決不走。安素說了『妳最好現在就走』之類的話，於是我跟他吻別，說我會爲他禱告。我立刻就被丟下小艇。情況眞是危險萬分，隨時有翻覆或被撞成碎片的可能。下去時，正好一桶水倒了下來，我的全身都濕透了。安素把那件大衣和他身上穿的外衣丟給我，讓我披在肩上。」

一個旅客說這次接駁婦女和小孩，眞是「危險、英勇、超人的工作，空前絕後……但不知何故，一些未婚的男士上了『海事號』，有妻小的男人反而留了下來。」維吉尼亞懇求艾斯比讓丈夫跟她一起走，「但他無禮地拒絕了。」

身材嬌小的女乘客琳西亞・艾利斯（Lynthia Ellis）暈船四天，脫水情況嚴重，也要求讓丈夫隨行，幫忙照顧四個小孩；孩子都還很小，兩個又正在生病。可是工作人員拒絕了：「婦孺平安離開之前，男人不准上救生艇。」

其他女士的懇求也遭到拒絕。但是在救生艇上，她們身邊卻莫名其妙地坐了幾位單身男人。愛德琳登上了小艇之後，安素和羅伯・布朗又回去汲水。在那艘救生艇滿載之前，幾個男人也登上該艇；而水手不知道還有三名婦女和三個小孩仍然留在汽船上。

蒙森法官就是其中之一，他也登上了救生艇。他請求大副讓年紀老邁的艾柏特・普麗克特（Albert Priect）搭乘第三艘救生艇。也許是看在蒙森是船長朋友的份上，人副讓艾柏特上了小艇。

後來蒙森說：「我原以爲自己無法獲救，於是請艾柏特捎口信給紐約的弟弟，可是艾柏特說：『別管什麼口信了，你也下來吧！』大副說：『對啊！輪到你下去了。法官，跳吧！』於是他們立刻把我放下小艇，我絲毫沒有離開汽船的打算。」

安・絲摩爾（Ann Small）是登上第三艘小艇的最後一名旅客。她新寡不久，帶著兩歲的女兒。幾週以前，擔任船長的丈夫去世，安葬在巴拿馬。搭乘「中美號」時，美國領事刻意請託賀登把她們母女平安送抵紐約，賀登答應會親自護送她們。當她坐上繩椅的時候，賀登走了過來。「絲摩爾夫人，很抱歉我無法把你們平安送回家，」說完，賀登轉身離去。這時小艇在汽船下飄搖，等待最後這一位乘客。安掉進水中兩次，全身濕透，冷得發抖，幾經掙扎才上了小艇。

安坐定後，望著還在汽船上的小女兒。汽船上的水手原意是先讓安登上小艇，再把小孩送下。可是救生艇上的操槳手一看她已坐定，立即划動小艇，往「海事號」前進。安只好眼睜睜地看著小女兒，黯然消魂。

賀登船長和水手們忙著輸送婦孺的同時，「海事號」船長柏特開始修整船帆，企圖把船頭對準風向。但風狂雨驟，沒有成功。在救生艇開始搭載旅客之前，「海事號」已在暴風雨中漂移了兩浬，它就像幽靈一樣，隨時會被風雨吞噬。

對婦女而言，在驚濤駭浪中搭乘救生艇的恐怖程度，僅次於留在即將沈沒的汽船上。一位女士形容「海浪捲得像山一般高。」當時帶著兩個孩子的安琪琳・波利回憶：「我和小孩上了救生艇之後，海水一直濺入艇內，我們必須不停舀水。我根本不敢奢望能上得了『海事號』。兩次大浪從我們頭上壓下，小艇差點沈沒。指揮的人鼓勵操槳手，要他們鼓足勇氣、運用技巧，才能平安到達。」

愛蜜拉・奇艾（Almira Kittredge）代為照顧三個小孩。她說：「我讓一個坐在腿上，一個坐在兩膝中間，手拉著第三個的領子。後來累了，我放掉那孩子的領子，讓他自己坐著。大浪沖過來，淹到脖子，可是他動也不動，不哭不鬧。」

這時又有大浪湧來，第三救生艇被水淹了一半。巨浪滔天，操槳人的手臂被船槳撞得發麻，還得用盡力氣，以免小艇被浪打翻。愛德琳說：「和丈夫生離死別、接近崩潰的時刻，還好因爲不得不努力舀水而暫時忘了傷心。艇上的男人必須划船，其他女人陷入歇斯底里，我只得不停舀水。」

經過一小時半的搏鬥，第一艘小艇離「中美號」已有兩浬遠，且逐漸接近「海事號」。這時「海事號」已從原來的位置飄開了一浬。

風平浪靜之時，「海事號」的吃水線離甲板八呎；遇到風暴，甲板幾乎與海面齊平。第一條救生艇接近「海事號」，與船身並排時，操槳手站起來防止船身相互碰撞。海浪洶湧起伏，浪峰把小艇越推越高，直到艇緣高過「海事號」的船舷。柏特船長於是心生一計。他站在甲板上，兩腳張開抵住欄杆，當小艇升到足夠的高度，艇上的女士就聽候柏特的指示，伸出濕淋淋的雙手，拉上甲板。柏特旁邊站著兩位水手，預防小艇撞上甲板。柏特說：「我可顧不了什麼繁文縟節了，只想把她們平安接上船。」

柏特和水手的動作迅速敏捷，操槳手強壯而機警，然而海浪的走向詭譎多變，不是每次嘗試都很順利。婦女和小孩都嚇得乖乖聽從指示，有的甚至自己爬上甲板。珍·哈理士鼓足勇氣，縱身一跳，抓住了索具上的一根繩子，可是救生衣太大，卡在繩索之間，隨時會摔進海中。幸而柏特抓住她，切斷救生衣，把她拉了上來。

愛達．霍利後來回憶：「柏特船長跟水手張開雙臂，誠心誠意地接我們上船。他們分別接住我的兩個小孩，還開玩笑地說：『接好！他們都是黃金。』」

「海事號」滿載貨物，在大浪中上下起伏。柏特把乘客從救生艇中接下來，安置在甲板上。而救生艇又和海浪搏鬥，划向「中美號」，希望能救出更多乘客。同時在雷電交加之中，「海事號」也越漂越遠。

兩船的距離越來越遠。「海事號」船身較輕，被風吹離得更快；「中美號」則因七百多噸的引擎和滿艙的積水，漂流得很慢。幸好風勢稍微減弱，大帆應該足以支撐。所以在下午四點，賀登下令張起前桅縱帆，希望利用風力，縮短兩船之間的距離。

縱帆張起之後，賀登指示旅客奚奧多．派恩（Theodone Payne）搭乘第一艘重返的救生艇離去。賀登把一只金錶交給他說：「如果你能獲救，請把這只金錶送交內人，告訴她……」說到這裡，賀登已經哽咽得說不出話來。

賀登靜靜地站了一會兒，才再要求派恩去見汽船公司董事長，面告船難細節。說完之後，他走開，坐到板凳上，雙手掩面。過了一會兒，又馬上站起發號施令，因爲第一艘救生艇已經回來。

男人爭先恐後擠上救生艇時，水手發現船上還有三位女士。於是派恩把她們送上救生艇。最後一位登上救生艇的瑪莉安・羅威（Mary Ann Rudwell）年事已高，要求讓丈夫同行。她得到的答覆是：「非常抱歉，所有婦孺登艇之前，男士一律不准放行。」

賀登雖然在船上四處巡梭，但好像不知道許多丈夫跟父親被拒於救生艇外，而蒙森法官以及許多單身男士卻已上了救生艇。回返的第一艘救生艇還可載運十多位男士，比利・博區要求搭乘好與維吉尼亞會合，艾斯比答應盡力設法，然而博區終究還是沒搭上。安素也是，他找到一隻鉛筆，草草寫了張便條，要求一位女士轉交給太太愛德琳。

小艇快裝滿時，艾斯比請求賀登讓他登艇。賀登認爲艾斯比身爲高級幹部，應該留在崗位上直到最後一刻。「讓我走，」艾斯比說，「我會把其他兩艘救生艇和『海事號』的救生艇都帶回來。」

賀登不知道該不該相信他。艾斯比答應會盡全力使「海事號」盡量靠近「中美號」，並把救生艇帶回來。何況引擎已經熄火，婦孺也都已經救走，他留在船上無事可做；「海事號」更需要這邊的人手，敦促他們盡力繼續搶救「中美號」的剩餘旅客。賀登最後終於答應。艾斯比說：「船長，我鄭重答應絕不遺棄這艘船，一定回來和它共存亡。」

一位付了六百元賄款，獲得允諾搭乘最後一艘救生艇離去的旅客，認爲這是他的最後機會，立刻抓住艾斯比繩椅的繩子，滑到救生艇上，幾乎把艾斯比壓個正著。

賀登船長走到欄杆旁邊，再次大喊：「我全靠你帶著救生艇回來。」

艾斯比回答：「船長，請你放心！」

另外兩艘救生艇返回時，婦孺都已離開，不再需要船長跟其他船員幫忙，登上小艇的唯一方法只有往下跳。大家擠在甲板上，看準時機就往下跳。

第二條救生艇總共划了兩個半小時，才回到「中美號」。其中兩位操槳手筋疲力竭，無法划槳；掌舵手要他們留在原位，盡力去划。大浪一沖，小艇撞破了一角，只好分出兩個人手舀水。就在這時，八個人從汽船上一起躍下，賀登船長命令小艇立刻划走，以免更多人躍下，壓沈小艇。

可能因爲大家認爲留在汽船上更安全，才沒有更多人跳下小艇。跟汽船相比，小艇太小了，只能任憑海浪擺布，而「海事號」又離得太遠。他們私下期望，既然風浪稍微減弱，「海事號」應該能夠駛過來，把他們平安接走，犯不著冒險搭乘小艇。

賀登船長估計，「中美號」大概只能支撐到隔日中午之前。對於沈船一事，他已無能爲力，然而，還有五百條生命在他手上。這些人爲了讓別人的妻子兒女獲救，竭盡全力、忘掉疲勞、不眠不休努力工作。他應該提供所有可能的方法，讓他們生還。

婦孺尚未全部離開以前，賀登已經下令分發救生衣給男士們。他下令切掉上層甲板、取下房門、打開艙蓋、打掉柵欄、綑住木板，如此一來，一旦船沈了，大家就有許多小筏子可用。昔日風光一時的汽船，現在面目全非、慘不忍睹：救生艇划走了、前桅斷裂、船帆裂成碎片、家具破碎、艙房進水、引擎悄無聲息，連甲板都已剝裂。

下午四點，依舊風高浪急。縱桅帆船「艾爾多拉多號」（El Dorado）船長山繆・史東（Samuel Stone），發現迎風面船頭遠處有一艘船，但無法確定船型或種類。「艾爾多拉多號」也飽受風雨肆虐，船舷上部破裂、前帆破碎、船首斜桅有了破洞、船殼布滿藤壺，裝運的棉花吸滿海水。史東船長連續用望遠鏡觀察了一個半小時之後說：「那是一艘汽船，船上掛著遇難求救的旗幟。於是我立刻把船朝它的方向開去。我發現它完全無法航行，船身深陷水中。」

六點剛過，「中美號」也發現了「艾爾多拉多號」，正頂著強風暴雨，朝「中美號」開過來。六點半左右，史東下令把船靠近「中美號」五十呎之內。一個旅客回憶：「船隻近得可以把餅乾丟到對方的甲板上。」

史東對賀登船長致意：「需要幫忙嗎？」

賀登回答：「船隻正在下沈，請靠在船邊直到天亮。」賀登的聲音「鎮靜得好像正在風平浪靜的海上，指揮全世界最好的船隻」。

史東立刻把船調頭到汽船船尾，兩船距離只有一箭之遙。然後要賀登把旅客集合到甲板。史東只有一條小艇，在這種天候下，根本不能使用。但他認爲「中美號」一定有幾艘救生艇。

賀登船長回答：「不行！請靠在我的船邊直到天亮。」

史東努力把船穩在「中美號」旁邊，可是馬上又漂開。他以爲「中美號」會丟下一條纜繩繫住他的小船。可是眼看著他的船逐漸漂開，「中美號」卻毫無動靜。他以爲賀登船長是要等到天明，才放下救生艇，避免人員傷亡。所以史東大喊：「請點亮照明燈火。」這一叫，「艾爾多拉多號」已經漂到聽不見的距離了。

「艾爾多拉多號」逐漸漂離時，船上的海員估計「中美號」上的旅客約有七百人之譜；還聽到船上陣陣的呼喊聲越來越大。史東準備天一破曉，就開始接運乘客，所以竭力穩住船位。他下令水手承接雨水以供應乘客；準備拋棄貨物，以便容納乘客；還要他們珍惜每一滴水和存糧，因爲「天一亮，汽船上的全部旅客都會上到我們的船來。」

賀登船長遊說旅客繼續舀水，使船隻不至於下沈，好等天亮行動。他說破曉時，風浪將會減弱，「中美號」也會浮著不沈。一位旅客說：「我們完全同意，並繼續舀水。」於是船長命令二副詹姆士．費茲每半小時發射一次信號彈。

天色開始暗了下來，兩艘船都點起燈火。

「海事號」已經漂到五浬之外，甲板都已浸在水中。婦女們互相扶持，照顧小孩，等待下一艘救生艇把丈夫帶來。

從「海事號」遠遠望去，還可以看到「中美號」。一位旅客回憶：「濃霧已退，我們看得見暮靄中的『中美號』。」天色越暗，她們更擔憂丈夫的安危，但是汽船邊的「艾爾多拉多號」，為他們帶來些許希望。

愛德琳也在甲板上觀望，尋找浪中的救生艇，全心全意盼望著丈夫的到來。甲板積水雖有一呎半之深，但沒有人能夠勸她下到艙房，因為她確信丈夫將搭乘下一艘救生艇前來與她會合。可是第一艘救生艇帶來三位女士、派恩和艾斯比，剩下的都是她不認識的男人。於是她又把希望寄託在下一艘。

艾斯比一跳上「海事號」，立刻重申賀登船長的請求，要柏特把船盡量接近「中美號」。柏特說他已經盡力，船隻受損，實在無力頂風前往。艾斯比懇求他使用「海事號」的救生艇；柏特雖然願意，可是認為支持不了幾分鐘，於事無補。艾斯比答應贈送五百美元，請他把「海事號」靠近「中美號」，可是柏特的答覆還是一樣：在這種天候下，「海事號」實在無能爲力。

在艾斯比請求柏特船長的時候，第一艘救生艇的水手長約翰．布拉克也懇求操槳手再度返回「中美號」。這時距離「中美號」已超過五浬，每次划槳都是跟強風大浪搏鬥。水手們慨然同意，於是小艇立刻出發，踏上征程。

愛德琳繼續搜尋另外一艘鼓浪而來的救生艇，心中充滿無限希望，因爲艇上都是男人。她說：「我又期待又害怕，看遍艇上的男人，沒有一張是我熱切盼望的臉。」這次水手拒絕再回去接人，對於女士的懇求、柏特船長的勸說，他們都無動於衷。

艾斯比跳進艇中，以一百美元的重賞徵求水手跟他一起回去。一位水手說：「即使『中美號』遠在五十浬外，我也願意分文不取地划回去。可是海浪滔天，只有兩個……」一位女士回憶說：「艾斯比在艇上大叫：『看在上帝的份上！如果你們還有點人性，就請回到艇上來。』如果再有一位願意，加上他們兩個，就能夠回去了。」

操艇水手已經連續工作六個小時，他們的腿部僵硬抽筋、肩背肌肉凝結成塊，而且之前已經不眠不休地舀水、抽水，辛勤工作二十四小時了。由於和大船碰撞，小艇也已經遍體鱗傷。和強風巨浪搏鬥幾浬之後，到達「中美號」時的情況也不難想像：五百位面臨死亡威脅的旅客，把只能容納二十人的小艇視爲唯一的救星。婦孺又都已經離去，騎士精神又能發揮什麼作用？

這時艾斯比爬上帆船，揪出「潛逃」的水手。一個人說：「他說我是潛逃的水手，要抓我回『中美號』。我認為他是在掩飾自己的棄職潛逃。柏特船長叫我不用理他。」

一位水手說，小艇根本到不了「中美號」，拒絕再上破損的小艇。艾斯比只好放棄，也背棄了他對賀登船長的保證。

只有約翰．布拉克的那艘小艇重回「中美號」。其餘兩艘的水手舀乾艇中積水，把小艇掛在「海事號」船舷上。

「天色已暗，水手們又拒絕再回『中美號』，」愛德琳回憶說：「我雙手掩面，傷心欲絕，也後悔自責為什麼當時不拒絕眾人要我上救生艇的要求？」

這時柏特船長拍拍她的肩膀說：「這是妳先生給妳的信。他託搭乘最後一艘小艇的人帶來的。」信上寫著：「字付愛妻，『海事號』船長如肯派遣救生艇前來，任何代價都可答應。我隨時等候。」

愛德琳懇求柏特，但柏特的答覆一樣，還加上一句：「何況天色已暗。」愛德琳說：「可是他們可能在天還沒亮以前，就死掉了。如果你肯再派一艘救生艇，付你一萬美元酬勞，好嗎？」

「親愛的女士，如果派得出去，我連一毛錢都不會收。可是我們那只小艇根本支持不了一分鐘。我會設法把船開近『中美號』，而它也一定不會在天亮以前沈沒。」

愛德琳如此描述：那晚的情形，實非筆墨可以形容。情況比前一晚還要混亂。狹小的艙房擠了三十個女人、二十六個孩童。積水盈呎，大家只能席地而坐；大浪不時沖擊船身。每一個人都全身濕透，我身上沒有寸縷是乾燥的。肉體的痛苦，我渾然不覺；內心的悲痛才叫人難以忍受。

新寡的安．絲摩爾，一心擔憂女兒的安危，現在總算重逢了。安回憶著說，後來我獲悉賀登船長親自照顧小女，並拜託一位女士把她帶來給我。她抱著愛女坐在甲板上，看著滔天的海浪。「我們被迫目睹這悲慘的場面：兩條救生艇隨著海浪浮沈，『中美號』的殘骸上擠滿了黑壓壓的人群，就在我們眼前緩緩下沈。」

有些女人下艙去餵小孩，脫掉濕透的衣服、換上柏特船長提供的水手工作服。遠遠望去，可以看到遠處「中美號」的微弱燈光。維吉尼亞小心翼翼地從懷中取出金絲雀；它的羽毛凌亂，一放到籠中，馬上展喉高歌。

風浪仍大，但暴風雨似乎已近尾聲。柏特繼續試著把船開近「中美號」，但船只在海面上繞圈子。

當天深夜，天空漆黑，「海事號」的燈光黯淡，器物碰撞發出聲響。約翰．布拉克指揮的救生艇在風浪中搖搖擺擺地划近；水手累得虛脫，艇中滿是積水。

布拉克的救生艇在當晚六點左右離開「海事號」。快接近「中美號」時，布拉克看到「中美號」船頭有一艘縱桅帆船「艾爾多拉多號」，可是它馬上就消失不見了。快七點半時，他划到「中美號」船邊。當時天色已暗，汽船發射了求救信號彈；甲板上部已接近海面。他看到賀登船長和二副詹姆士站在舵輪室。賀登命令他停在一百碼之外。幾分鐘以後，信號彈從舵輪室以奇怪的角度射出，沿海面平行前進。

約翰·布拉克的救生艇上，除了虛脫的水手和積水之外，空無一物。當救生艇划近「海事號」時，他告訴聚集在甲板上的人群：「『中美號』已經沈沒，無人生還。」

第2章 湯米

湯米・湯普森出生於一九五二年四月十五日；「鐵達尼號」就在四十年前的這一天永沈海底。一九八六年，湯米成為打撈沈沒一百三十年的「中美號」的靈魂人物。

俄亥俄州迪懷安鎮 一九六〇年代

俄亥俄州的迪懷安鎮（Defiance），位於莫密（Maumee）河和厄格萊茲（Auglaize）河交會之處。它的周圍是一望無垠的褐色土壤，田野中布滿了穀倉、乳牛和農舍，而迪懷安鎮就像是這片褐土當中的屋島。鎮上住了保險業經紀人和粗手粗腳的十五歲少年；他們對未來的憧憬，不會超越東南方、離家兩小時半車程的巴基橄欖球場之外。

一七八七年，美國國會通過在此地興建碉堡。落成時，有「瘋狂安東尼」之稱的韋恩（Wayne）將軍告訴一位上校：「我蔑視英國人、印第安人，還有他媽的想要占據堡壘的牛鬼蛇神。」所以這個碉堡就叫「蔑視堡」（Fort Defiance，迪懷安即為其音譯）。在六〇年代，迪懷安鎮大約只有一萬八千位居民；大多數居民不是在通用汽車公司的鑄造廠，就是在約翰緬威勒工廠工作。

鎮上有一家餐廳比這兩家工廠還古老，湯米．湯普森（Tommy Thompson）和巴力．蕭茲（Barry Schatz）時常光顧購買三明治。

湯米和巴力出生於一九五二年四月十五日；「鐵達尼號」就在四十年前的這一天永沈海底，轟動世界。小學七年級的時候，湯米一家從印第安那州搬到迪懷安鎮來，兩人才結成莫逆之交。

湯米的父親約翰（John Thompson）是一位工程師，母親菲麗絲（Phyllis Thompson）是營養師。他們的兩個女兒派蒂和珊蒂都患過小兒痲痺症，其中珊蒂情況嚴重，曾兩次病危，後來雖然痊癒，醫生卻斷言她將終生無法坐立。菲麗絲不肯放棄希望，日復一日地爲珊蒂按摩。後來她不但能站、能走能跑，還當了啦啦隊隊長，贏得獎學金進入大學就讀。媒體、醫生爲此而經常訪問、報導，喧騰了好幾年。他們對於家庭價值的見解，也因這段經歷而與衆不同。約翰一定五點鐘就下班；他希望子女在鄉下長大，在小規模的學校接受教育。他們這一家眞是保守價值和進步觀念的綜合體。他們以自製代替添購，以修補代替換新。週日全家上教堂。孩子可依自己的喜好油漆房間；可以騎著三輪車在家附近環繞；可以閱讀任何書刊，觀賞任何電影，但要事先告知父母，讓父母也可以一起欣賞。

湯米的一位好友說：「在父母的心目中，湯米品學兼優，能幹善良。他們家人之間充滿了關愛。湯米也認爲父母完美無缺。」

湯米是家中老么，從早到晚不停地製造、修理、拆解、重組，忙個不亦樂乎。菲麗絲說他是睡眠最少的小孩；而派蒂在夜間爲他倒一杯開水後，常常都會在湯米的房間停留好幾個小時，聽他滔滔不絕地暢談他的想法。

湯米從小就跟父親製造各種東西；他提出的問題，約翰一定不厭其煩地詳爲解釋，有時還繪圖說明。約翰告訴他：「工程師能否有傑出的成就，關鍵就在好奇。」

小學三年級的時候，老師發現湯米不會自己閱讀，只能記住同學背誦的東西。於是菲麗絲爲他買了四年級程度的通俗科學課本，兩個姊姊教他發音和拼字。不到幾個星期，湯米就能夠逐頁閱讀，仔細研究書中的實驗和方法。不久之後，他利用舊開關、舊線路製造了一個電路控制板，裝在自己的房間裡；外形雖然難看，功能卻很不錯。後來他又利用破舊的材料，把全部房間都連了線。

十三歲時，約翰調升爲約翰緬威勒工廠自動部門的主管，全家遷到迪懷安鎮來。湯米、巴力和一群朋友自稱「警衛隊」，經常騎著腳踏車巡邏全鎮，到郊外小溪抓烏龜。湯米和巴力兩人的智力旗鼓相當，都是朋友眼中脾氣溫馴的好人。湯米經常在進行某種計劃、閱讀科學刊物、思考數學公式、實驗某種想法。有一次，幾個朋友發現他在庭院剪草，同時操控四部剪草機，兩部在前，兩部在後，剪草工作一次完成，乾淨俐落。還有一次，他利用水肺呼吸，坐在游泳池底部十分鐘。水肺是他利用煤氣爐的調整器和四個丙烷汽缸製成的。

他常常談論他的實驗、計劃、想法，以及從書上讀到的事物。湯米的說話速度太快，內容又深奧難懂，朋友們都不能確定所說的眞僞。說話時，他又不時微笑或大笑，雙眼瞇成小縫，更顯得莫測高深。因此，朋友給他取了一個綽號「哈維」。五○年代有一部影片叫做「哈維」，劇中的哈維是一隻六呎高的白兔，從未正式露面，只在照片中出現，而出現時卻緊閉著嘴巴。

約翰有兩個兄弟教授哲學，菲麗絲的兩個兄弟，一個教工程，一個教心理學；她自己教營養學。約翰的父親是傳教士，母親負責主日學的教學課程；他們家族的教學傳統，至少可以上溯到湯米的伯公，他在十九、二十世紀之交擔任教職，能夠使用七種語言。全家之中，只有湯米的偉大導師——他的父親——不是教師。「我們是書香世家，」湯米說，「我就在這種思維的薰陶下長大。可是我有自己的見解。」

湯米常跟雙親和長輩探討教育理論和學習哲學，所採取的思考方式與眾不同，令人不解，也令人訝異。小學時，他明知二加二等於四，可是卻不肯說出答案，因爲他不知道其中原因。高中時，他入選「全國榮譽學生會」，有時卻連數學和自然學科都考不及格。因爲他必須先釐清觀念，才能解答問題。他不肯使用公式，卻試圖從不同的角度思考問題，挑戰公式，然後自己解決。他凡事如此，對於花費的時間、所得的分數、旁人的看法，全不在意。他說：「如果希望自我教育，就應該思考有益的事物。」

面對社交生活，湯米也採取這種方式。他不管流行風尚，也不隨波逐流。當啦啦隊員和運動員們聚集在雜貨店痛飲可樂的時候，他卻跑到老餐廳去吃三明治。他的嘲弄態度和怪異行爲，深具吸引力。

後來，他常把工作推到極限，甚至超過極限，體能方面也不例外。一個朋友說：「他做事的狂熱態度，顯示他根本不考慮身體的健康。他眞是堅強倔強，毫不退縮。」

十六歲時，他把叔叔贈與的一九四八年份的別克敞篷老爺車，徹底拆解，並邀來幾個朋友幫忙補好破洞、磨掉鐵銹、修整椅窗、重組引擎、漆成深藍，加上新買的白色車蓬。然後開著它兜風，追逐女孩，引起她們的注意；可是一旦眞有女孩被他吸引，他又不知所措了。但是巴力不同，他比較浪漫。朋友雷德葆說：「巴力當機立斷。換做湯米，就會不知如何是好。」巴力能使女孩吃吃地笑，湯米卻使她們大笑，有時笑得好緊張。湯米高中時代唯一約會過的女孩吉娜說：「他喜歡開玩笑，但是聰明過人，所以你會以爲他眞的做得到。」

狂熱的科學家湯米和浪漫的巴力有一個相同點：非常好奇，遇到未知的新奇事物，不必別人慫恿，就會一頭栽入。高一那年的元月，兩人在深夜驅車前往八百五十哩外的魁北克。他們衝浪；尋覓傳說中的神女安姬，希望能夠一睹芳顏，但是徒勞無功；享用浸在黑奶油中的羊腦；喝了兩瓶甜酒，然後開車回家。兩個乳臭未乾的男孩，第一次逃脫迪懷安的束縛，嘗到了花花世界的滋味。

一九七〇年秋天，湯米就讀俄亥俄州立大學，但他心懷疑懼，唯恐傳統的教育制度可能摧毀他那與衆不同的見解。他說：「對於如何接受教育、如何思考問題，我一向都有特殊的感覺。」

他刻意培養創造性的心智。他擔憂一旦不能與衆不同，一旦停止試驗，一旦不能再以顚倒的角度探討問題、體會人生，他將會失去特立獨行的能力，不再能夠提出旁人認爲匪夷所思的問題。這一切都是他實現從小的願望——當發明家——不可或缺的特質。他要徹底檢驗老舊的觀念，再以新的方式來運用它們。他要以自身的感受來吸收這個世界，獲得新的見解。

在湯米身上，深思熟慮之後的怪異和眞正的衝動界限模糊，有時還難以區分。他的寢室就像剛著陸的太空船，神祕難解，又非常滑稽；電話布滿房間每一角落，可以隨地接聽；一隻老鐘控制電視機、收音機、日光燈的開關；收音機使用電視機的喇叭發聲。這些東西都是定時自動開關，然而老鐘沒有指針，所以沒人知道什麼時候房間會突然大放光明、什麼時候電視機上的收音機會突然關掉、什麼時候電視機會突然打開。

有時他只顧思考自認重要的事物，根本無視於大家公認重要的一些現象。當校園裡一致公認男生應該留長頭髮、穿喇叭褲時，他卻蓄著鬍子、剪短頭髮、穿著栗色襯衫和法蘭絨長褲。愛倫・李（Ellen Leahy）說：「眞恨不得把他的褲子燒掉。」可是這才是眞正的湯米。他的穿著毫不搭調，然而這麼打扮的目的不在製造效果，原因在於他根本就不在乎。

愛倫・李和湯米在一九七二年六月初次相識，那時她剛到俄亥俄州立大學就讀，是大一新生，湯米是大三學生。相識當天，他們整晚在雨中閒逛，然後湯米把愛倫帶到湖邊，向她介紹他所熱衷的「滑泥」遊戲。「遇到風趣又不會隨意喊停的人，眞是有趣。他從沒有想到有喊停的時候，」愛倫說。

湯米隔天就離開學校，直到他搭便車漫遊到猶他州時，才打電話給她。他身上只有十八塊錢和一部錄音機，以及一位帶了三十六元的朋友離開迪懷安，朝加州出發。他們先到佛列格式達（Flagstuff）看了馬戲表演，再搭便車到拉斯維加斯。湯米沿途記錄所見所聞，還有自己對科學和文明、銀行學和營養學、哲學和其他行星生物的想法。回到學校時，他的理論多得讓愛倫和朋友們必須加以編號。其中包括：爲什麼明星要一再離婚、結婚？如何才能留得白鬍子？烏龜的行爲何時跟人類一致？愛倫的說法是：「他眞是愼重其事。提出的理論，好像都是深思熟慮之後的結論。」

湯米還有連愛倫都難得一見的一面，可是當愛倫或朋友們眞的看到了，也不知道應該如何評價。有時，他會消失幾天，不知藏身何處。有時，他不經心的評論或臉上的表情，又讓人無所適從。雷德葆說：「很多人都有同感，根本就不確定他是在胡扯，還是眞有其事？」

俄亥俄州立大學的工學院共有十五個學系和研究所，八千名學生，規模在全世界數一數二。湯米的興趣跟父親一樣，都偏向機械工程。他說：「我立志當個發明家，可是沒有大學提供這種訓練。最接近的只有機械工程學校。」他還決心當海洋工程師。

俄亥俄州立大學深處內陸，沒有海事工程的課程，然而湯米的表現卻吸引了機械學院院長唐恩．歌勒爾（Don Glower）的注意。他認爲湯米不只是天生的設計家，還具有調和的心智：既關心社會動態，又有志於發明創造。

歌勒爾本身就是海事工程師，他一再對湯米強調，海洋工程只是機械工程的特殊環境而已；它較一般工程多了潮濕、腐蝕和壓力的問題。湯米在校主修的是機械設計和海洋工程，課程爲期五年。其間歌勒爾灌輸湯米海洋工作所需的觀念，教授水生微生物、侵蝕科學和海洋地質學等課程。另外還要他研究一些相關課程。

第三年，湯米選修「高級專題」課程，每週上課三次，每次一小時；課中師徒兩人研討海洋工程問題。歌勒爾要湯米不可墨守成規，鼓勵他勇於冒險，眼光要超越他人。

湯米說：「他根本不用明講，就已經讓我覺得，許多工程師不敢想像的事情其實非常簡單。」歌勒爾還告訴湯米，所謂企業家精神就是勇於嘗試自己的方法，失敗了再來，直到成功爲止。他又說，發明並不是創造新的事物，只是以新的方式融合早已存在的東西而已，「愛因斯坦也沒有什麼新的創見，相對論在文獻中早已記載，只是別的科學家不懂得如何組織它們。」

從一九七二年秋天開始，師徒兩人有時一週上課一次，有時一週三次。歌勒爾頗爲賞識湯米解決問題的方法。一次，歌勒爾問湯米，有個簡單卻至今未獲解決的問題——如何在深海工作。

幾個世紀以來，人類夢想在空中翱翔、星際旅行、探險覆蓋地球表面三分之二的海洋。空中已經征服，人類登上了月球，但宇宙奧祕仍然未解。人類對於星河的了解，竟然超過從海灘延伸出去的世界。

一九四二年，法國工程師艾米爾・蓋南（Emile Gagnan）設計了一個調節器，用來控制輸入汽車燃油噴霧器的壓縮氣體，使飽受戰火蹂躪的法國人能夠用丙烷代替汽油。翌年，蓋南跟一位海軍軍官科斯陶（Jacques-Yves Cousteau）合作改良設計，使調節器能夠控制輸入人體肺部的壓縮空氣。科斯陶在一月的寒冬，潛入巴黎附近的馬恩河底，測試這個儀器。稍加改進之後，證實可用，於是兩人共同申請專利，命名爲「水肺」。九年後，科斯陶利用改良過的水肺，成功打撈一艘沈在海底的古船。

《國家地理雜誌》稱呼科斯陶和他的夥伴爲「魚人」。魚人無法潛到兩百呎以下的海底，只能在水下停留幾分鐘；而且在上浮的過程中，常會引發潛水夫病，有時還會致命。在這種深度，壓縮氮就像麻醉藥，影響判斷能力。科斯陶就曾親眼目睹一位潛水夫把呼吸器送給一條魚，以免魚兒溺斃。

潛水夫潛到一百呎以下時，就會遭遇壓縮氮氣的麻醉問題，以及其他嚴重的問題。例如通氣管破裂，他們一定會溺斃；如果破裂發生在海面附近，潛水帽中的壓力突然降低，血液全部湧進腦部，也必死無疑。可見深海不是人類的地盤，要到達深海，必須借重儀器。

十五世紀的達文西（Leonardo da Vinci）曾經提到，他有「神祕的船可以留在水下，直到船員耐不住飢餓為止」，但是他不肯公布設計圖樣，因爲「人心險惡，恐怕被用來做為海底謀殺的工具。」達文西早已預見潛水艇的未來用途。海底作戰早期的潛艇設計師，必須解決三個問題：如何使潛水艇下沈、如何在水下驅動船隻前進、如何供應水手所需的空氣。一六二〇年，荷蘭醫師特列柏（Cornelis Jacobszoon Drebbel）在英王詹姆士的資助下，製造了一艘水下船隻。船隻的浮沈由豬皮袋裝水來控制；使用划槳方式推動船隻；但特列柏最大的成就，在於如何排除壅塞小艇中的二氧化碳。據說，他好像是使用一種化學液體，讓空氣再生。小艇在泰晤士河上，由四位划槳手操控；打開豬皮袋裝水，小艇果然下沈，再由操槳手划動前進。世界第一艘潛水艇就這樣誕生了。特列柏又製造了兩艘，大的可以容納十二位操槳手。英王詹姆士親自試乘，在泰晤士河十五呎的水下度過一個小時。

在一八六九年凡爾納（Jules Verne）出版《海底兩萬里格》（譯按：里格爲長度單位，約等於三哩）之前，至少有二十五艘潛水艇成功地在水中浮沈過。技術的重點都在使水下的戰船如何浮沈、通氣和推進，好讓它布雷、發射魚雷或飛彈，以摧毀敵人。

二次大戰期間，潛水艇扮演了重要的角色，但在一九五五年荷蘭製造第一艘核子潛水艇「鸚鵡螺號」以前，造艇技術並無重大進步。這一階段潛水艇的主要目標，仍在國防與軍事；潛水深度無需特別重視，所以都還不能下潛兩千呎以上。軍方的興趣不在揭開海底奧祕、蒐集海底資料，所以縱使潛水能力增加，潛艇也沒有海底觀測設備。

一九六三年，美國最先進的核子潛艇「長尾鮫號」下水，後來卻在一次例行潛航時，船身破裂，沈到八千四百呎深的海底。海軍當局束手無策，只好動員三十五艘艦艇垂下燈光和照相機，希望能夠照到潛艇殘骸。可是海面和海底的洋流方向不同，照相機位置根本無法確定。經過一個月的搜尋，一部照相機拍到母船的船錨，海軍當局立刻宣稱已經確定了潛艇殘骸的位置。兩個月之後，他們才拍到一些「長尾鮫號」碎片的照片，但始終拍不到船身。因爲範圍縮小，海軍當局派遣鋼製的球形潛水乘具「迪里亞斯德號」前來搜尋。「迪里亞斯德號」原爲法國製造，新近才由海軍購入，並加以修改，才能承受深海的壓力。

「迪里亞斯德號」是當時最複雜先進的水下探測工具，但自身沒有行動能力，觀察孔也太小，兩個工作人員只能輪流使用一隻眼睛觀察。它前後潛水九次，才找到「長尾鮫號」的殘骸。這已經是它沈沒五個月以後的事了。幾經努力，海軍拍到幾張照片和取回一根四呎長的管子。

九年後，也就是一九七二年，湯米仍在選修歌勒爾的課程。深海仍然是個充滿敵意、無法征服的地方。歌勒爾要求湯米研究的問題是：我們已經能夠潛到深海海底觀測了，但在那種地方，如何進行工作呢？

他們研討「迪里亞斯德號」所遭遇的問題。歌勒爾講解已知的原理和理論，湯米盡量閱讀相關的技術著作。他們討論各種方法的利弊，最後湯米提出他的構想：母船留在海面，再把機器人送到海底探勘或工作。太空總署的外太空探險，正要採取這個方法。

這個課程從秋天到冬季，到翌年春天，又繼續到下一學年度。歌勒爾覺得這課程

「深具啓發性」，他說：「湯米問了許多好問題，有的我也沒有答案。」

大四那年的秋季課，湯米休學，搬出宿舍，睡在他那輛紫色雪佛蘭車上。他三個月都在圖書館裡研究一些縈繞心中的想法：如何超越創意和革新、如何取得理想和環境的「最佳調適」？他說：「我的想法有如泉湧，一個接著一個不停地出現。但是好是壞，除非親自體驗，沒人能夠給你答案。」

第四年將盡時，歌勒爾安排湯米進入位於伊利湖上的史東實驗室，成爲第一位獲准進入這個實驗室的工程系學生。每年夏天，研究生和教授們在此集會，研討海洋生物和動物的高級課程。這當然不是海底，但可以擴展他的海洋知識、研究腐蝕作用，還可以在六十五呎的研究船上實習。

那年夏天，學生們量度藻類的生長速率，偵測附近一座核能站的輻射情況。但是湯米對儀器的興致高過讀數。他向同學解釋儀器的作用原理，好像一邊講解，一邊還在腦海中重新設計一樣。他照樣又有了許多新理論，但那些教授和研究生對於他的胡扯和有價值的見解，自有能力分辨。遇到儀器故障，別人無能爲力時，湯米就先思考，再把問題分門別類。一個同學史耐德說：「他修理機器時，勇往直前，絕不半途而廢。」

史耐德認爲湯米頑強又精力充沛。「很多人認爲他毫無章法，實際上他自有章法。

大家公認實驗室裡的人應該沈靜、保守，具有學者氣質。他不乏學者氣質，但就是不夠沈靜、保守。」暑假結束時，大家搭乘渡輪上岸遊玩；湯米說服史耐德一起乘坐水陸兩用車上岸。史耐德說：「他像是個頑皮的小精靈，留著鬍子，頭髮像亂草，雙眼炯炯有神，時而頑皮地露齒而笑。我只有對他言聽計從。」

伊利湖是五大湖當中最淺的湖，天候不佳時，風浪很大。出發時，天色昏暗，湯米開亮所有的車燈。湖面吹著強勁的東北風，浪濤洶湧，高過五呎。史耐德說：「當時實在不該這麼做的。」

兩用車由湯米駕駛，他拉高車頭，和渡輪平行前進。浪花飛濺，掩蓋了整個車身。史耐德說：「兩用車在水中前進，還開著雨刷，這是第一次。到達對岸之後，我變得更加虔誠；湯米可能也害怕了，可是他不動聲色。他不是隨便退縮的人。」

快畢業時，歌勒爾警告湯米：在海事工程界求職相當困難，因爲商船隊幾乎不存在，海洋學中心每年也只有五、六個缺額。他叫湯米別在這種行業謀職，「現在還不是時候，也許再等個三十年吧！」歌勒爾認爲三十年後，因爲開發海底礦產的關係，一定會需要大量的海事工程師，他說：「我們一定需要開發海洋的，何況海底的歷史價值不亞於希臘古物，甚至更高。」可是那個日子還非常遙遠。所以他建議湯米，先到加州斯克利普附近謀個機械工程師的工作，同時志願參與海洋學的研究計劃；先熟悉人事，說不定可以得到工作機會。歌勒爾甚至建議，到佛羅里達州南端的基威斯特（Key West）去參加海底尋寶；他看到報導，一個叫梅爾·費雪（Mel Fisher）的人在尋找一艘西班牙古沈船，找好幾年了，還沒結果。

湯米到處應徵工程師的職位，每當人事主管開始說明退休制度時，湯米就已經心不在焉了。母親菲麗絲說：「湯米自認不適合工廠生活。約翰問他到底有何打算，他說：『我們有一群人，包括巴力在內，畢業後要到基威斯特求發展。』」

一九七六年一月，湯米把水陸兩用車寄放在朋友家裡，開著六三年的柴油賓士車，離開了迪懷安鎮。

巴力的父親在迪懷安鎮的保險事業相當成功，可是巴力志不在此。他喜愛研究文化、語言和文學。他修過會計和商業課程，可是因爲興致不高，成績並不理想。他被兩所大學退學之後，開始漫遊加拿大魁北克和蘇格蘭，思考人生和前途問題。回國之後，前往密西根州的喜樂斯岱大學，埋首研究戲劇和文學，並在當地報社謀得一個職位，從攝影員升爲攝影組長，再從圖片編輯成爲記者。大四那年，巴力覺得還沒找到人生目標，所以在畢業前一個學期退了學、辭去報社職務，返回迪懷安計劃未來。

一九七五年十月的一個晚上，湯米從哥倫布市打電話給巴力；兩個人聊了一段時間。第二天，巴力就開車前往達佛羅里達州的基威斯特。他在當地找到洗盤子的工作，可是還沒正式開始，就看到《邁阿密前鋒報》徵求基威斯特通訊記者的廣告。《前鋒報》錄取了巴力，要他報導貧民窟的捕蝦漁夫、同性戀者、觀光客、作家、演員，毒販及尋寶客。巴力每天穿著記者服出門，挖掘這個全美最南端都市下層社會的怪現象。

在這裡，沒人在乎他的會計不及格，也沒人在乎他主修戲劇和文學，巴力很快就融入了當地的生活圈：學會烹調古巴食物，學會了流利的西班牙語和葡萄牙語。他參加田納西．威廉斯的聖誕晚會，和友人共度感恩節，以及各式各樣的活動。不久巴力又兼任WKWF電台的點唱節目主持人，爲節目取名爲「暗夜蕭茲」。

湯米在一九七六年一月到達時，巴力已是道道地地的基威斯特人了。他玩世不恭，大受當地作家、音樂家和前衛人士的歡迎，還出版了尋寶者梅爾．費雪的傳記。生活太過美好，所以好友湯米的突然出現，並沒有爲他帶來歡欣之感。湯米帶來了可能危害這個生活據點的一堆計劃，巴力暗想：你總不該在第二幕才加入罷！

湯米還是搬來同住，絲毫不覺有何不妥。巴力後來說：「他不停嘗試一些瘋狂的計劃，想要製造些東西，可是又不知道眞想做什麼，也不知道怎麼做。他老是增加我的負擔，讓我喘不過氣來。」一週後，他要求湯米離開，但湯米已經知道梅爾．費雪這個名字了。

費雪原在印第安那州養雞，現在卻是基威斯特最富傳奇性的人物。他熱衷潛水，貪嗜西班牙古沈船的寶藏。費雪搜尋一艘一六二二年沈沒的西班牙「阿圖加號」遺骸，已達七年之久。七年來，他都以「就在今天」來鼓勵潛水夫，可是「今天」遲遲未到。當年，「阿圖加號」裝載了九〇一條銀棒、十五噸銅錠、二十五萬個新鑄的銀幣、一六一條金錠，還有無數的珠寶、飾物。但潛水夫只斷斷續續打撈到毛瑟槍、刀劍、祭祀器具、四千枚銀幣、三條銀棒、一些金鍊、一條金棒、一個金盤，以及兩個金幣。費雪還在繼續搜尋剩餘的寶藏。

前一年夏天，費雪的兒子德克（Dirk Fisher）在三十九呎深的海中找到九個銅塊、三千磅的大砲，爲尋寶工作帶來高潮。大砲的編號跟「阿圖加號」的載貨紀錄符合，因此大家認爲，經過多年搜尋，他們終於找到「阿圖加號」了。可是五天後就發生了不幸的事情。由一艘老拖船改裝的潛水船沈沒，船上八名潛水夫平安上岸，但德克、德克的妻子和一位年輕的潛水夫喪生。其後，潛水夫就只找到一個銀製的燭臺。

費雪在一艘複製的「阿圖加號」上指揮工作，船頭掛著「海盜藏寶船」的牌子。其實「阿圖加號」跟海盜全然無關，但這塊牌子招來許多遊客，參觀一次收費一元五毛。

有時費雪全靠這筆收入支付一切打撈費用。

一九七六年年初，湯米登上複製的「阿圖加號」拜訪費雪。湯米對打撈工作毫不在意，反而滔滔不絕地向費雪推銷「技術轉移」。幸好，任何有助於找到「阿圖加號」的建言，費雪都不厭其煩地聆聽。湯米建議應該採用新技術，費雪接受了他的意見，可惜苦於阮囊羞澀，沒有僱用新人、採取新法的資金。

其後半年期間，湯米偶爾造訪費雪，毫不在乎謀生、購屋等事。他說：「要緊的是要有足夠的金錢，打長途電話。」原來他發現，這是和全球科技界保持聯繫的好方法。他先找出某個部門的頂尖專家，研究他們的報告或論文，然後以電話和他們討論問題。那年夏天，費雪雇用湯米看守經緯儀塔；坐在熱如烤箱的塔裡，透過儀器觀測潛水船隻，利用無線電話指揮它的路線。

費雪在德克發現大砲的地點，放了一艘海岸防衛隊的舊浮筒船，稱爲「阿巴塔斯」。它除了做爲潛水台之外，還讓潛水夫在上住宿。五、六個潛水夫每次在上面工作二至三週：白天潛在水中抽沙，搜索海底；到了傍晚，隨便煮些東西果腹，在星光底下談天說地。

在這些夜晚，湯米從過量服用鈣質的後果、雷射技術、心理學的最新發現，到一些問題的解決方法，無所不談。工地主任克來恩（Pat Clyne）說：「整晚聽湯米滔滔不絕地說個不停，什麼都說了，但似乎什麼也沒說。可是湯米氣宇不凡、談吐幽默，故事多采多姿。大家都喜歡他。」因爲湯米擁有工程學位，另一位工地主任福特派他負責抽水。水管和抽水機裝在十五呎的抽沙管中，湯米先穿好裝備，跳進水中，用身子抵住柵欄，清理水喉，搖動曲柄抽水，水壓越來越強，把他緊緊地吸往柵欄，終於面具脫落，口罩掉落。他說：「我要親自體驗水流的滋味。學校是教過了，可是眞的用自己的身體體驗過的人，沒有幾個。」

他實驗各種不同的速度和距離，發現潛水夫需要依賴上面的人手控制流速，而且無法發出信號，通知上面的人增減速度。於是他設計了一個節流閥，讓潛水夫能在水下自行控制。湯米也擅長潛水，不用儀器可以下潛四十呎。可是整個夏季，他沒有撈上一件東西，因爲他只喜歡製造，喜歡把理念化爲實際的事物。

福特認爲湯米心不在焉。他大談水陸兩棲用車，以及八天不睡覺的經驗，讓福特滿頭霧水，不知該不該相信他。可是湯米修復故障的柴油抽水機之後，福特大受感動。湯米還解決了「阿巴塔斯」的兩個問題。

原來，潛水夫想移動「阿巴塔斯」時，必須等待風向和潮水有利時收拾錨鏈，讓潮水把它推向新的工作地點。通常需要一、兩個星期才能移動幾百呎，潛水夫都把這件工作視爲畏途。湯米重新組裝抽沙管，然後平放水中，使它們成爲推進器。第一次試驗就把這一八七呎的裝備移動到三、四浬外的地方重新定位，航速達到四節。

克來恩回憶說：「『阿巴塔斯』原是固定的東西，可是現在它在沈船周圍四浬的範圍內到處挖洞。」

最令「阿巴塔斯」的工作人員感到棘手的問題是海鷗。克來恩說：「『阿巴塔斯』是海鷗的天堂，它簡直成了鳥糞城。」從哈瓦那北上的海鳥都以「阿巴塔斯」做爲中途休息站，占據了「阿巴塔斯」的每一吋空間。「每天清晨，甲板就像聖誕節時底特律的街景，一片白色，」克來恩說。

潛水夫用盡各種辦法驅逐海鷗，但毫無效果。湯米又有妙招：把主要欄杆通上二〇〇伏特的電流，再從舵輪室控制，讓電流通向其他欄杆。最初大家嗤之以鼻，但是越想越有道理，都同意一試。

裝好電線，大家都到安全地點之後，湯米接通電路，上千海鳥遭受電擊，立刻振翼沖天而去。工作人員興奮高呼：「好棒啊！果然有效！真是難以相信！」

過去一年多以來，他們生活於鳥糞之中，物件、裝備都掩蓋在鳥糞之下；整日吸著帶有鳥糞味的空氣，眞是苦不堪言。現在總算解脫了。他們每隔一段時間就如法炮製一次。可是海鷗也不是省油的燈。先是一隻不肯飛走，電流一通，牠就舉起一足，讓電流通過，牠則毫髮無損。海鷗一隻接著一隻逐漸回來，牠們應付電流的動作整齊劃一，像歌舞團的舞蹈表演。

克來恩說：「這就是湯米的聰明之處，他總是能夠想出意想不到的妙招。雖然有的沒用，有的卻眞的有用。」

整個夏天，潛水夫們辛勞工作，卻無甚斬獲。然而潛水夫還是喜歡下水，因爲不下去，就不可能有所發現。湯米留在上面的時間逐漸增多，專注於解決較大的難題，同時觀察別人如何尋寶。他也一再思考爲什麼找不到「阿圖加號」的殘骸，但對於是否找得到寶藏，反而不太在意。

兩百年來，滿載金銀、瑪瑙的帆船從基威斯特到加塔基那、從猶加坦到迎風群島，在加勒比海上來回穿梭。但是風雲不測，幾乎半數遭到颶風吹襲，或擱淺或沈沒，載運的金銀珠寶散落海底。

這些沈船藏身何處？爲什麼這麼難找？它們早已成爲熱門話題，但湯米的問題不只如此。這些計劃不切實際之處何在？沈船衆多，可用技術不少，爲什麼非得等到碰巧找到一些物件，才能開始搜尋？湯米從一開始就喜歡費雪，可是費雪用的方法是在海底打洞，不用多久海沙就又塡滿挖過的洞。何處打過洞，費雪也沒有紀錄。

他們在發現大砲的地方，拖曳地磁儀來回搜尋，一有發現，潛水夫就大叫：「對！

就是這裡！這就是我記得的地點。絕對是這裡。派個潛水夫下去看看。」然後他們綁個空瓶子在空心磚上，丟在認定的地點。可是等他們完成一切程序時，船隻已漂開幾百碼了。這時潛水夫下水查看是不是「阿圖加號」，結果當然不是。歷史一再重演，但他們的想法和做法一成不變。

湯米說：「這種做法已經行之多年，根本沒有辦法確定搜尋的正確地點。一個說：『那一點去年就找過了。』另一個說：『不對，去年找的地點還在過去一點。』工作了這麼多年，卻連正確的紀錄都沒有，眞是令人不解。」

湯米認爲必須研究颶風的走向，以及對於海底沈船造成的影響：颶風如何撕裂船隻、碎片如何漂流等等。「阿圖加號」連遭兩次颶風襲擊，第二次是在沈船三週之後。解決之道應該是想辦法縮小這兩次颶風的影響範圍，進而量化一切的可能性。

湯米頗感好奇，費雪如何能夠確定「阿圖加號」沈沒之後，沒被他人打撈起來。沈船地點的海水不深，許多人不用儀器都下去看過大砲。如果水深只有十二呎，甚至四十呎，幾世紀前的技術就足以應付打撈之需。沒有打撈的原因何在？

一面參與費雪的打撈工作，一面觀察其他的尋寶者，湯米發現一個普遍的現象：他們做一天算一天，沒有長期計劃；欠缺資金；沒有精確紀錄；工人流動率太高；依賴媒體募集資金；投資者因爲失望、不滿而興訟；政府主張擁有寶藏的所有權；無法斷定尋獲物件所屬的船隻；無法確定搜尋的船隻是否已被他人撈起等等。

湯米開始把對加勒比海沈船所見所思的一切，詳加紀錄。

「這個暑期的經驗：思考這些沈船的地點以及尋找的方法和技術，讓我獲益良多，」湯米說，「要把思想化爲行動計劃，就先需探究各種不同的情況。對世界的了解越多，觀念就越正確，所做的決定也就更爲完善實際。我尋求財富的著眼點不在金錢，而在於成熟、教育和知識。這個暑期，我的薪資微薄，工作艱難，但是全部工作人員當中，只有我是工程師。」

一九七六年秋天，湯米和費雪前往華盛頓，把從「阿圖加號」撈到的大砲獻給西班牙皇后蘇菲亞。然後湯米轉往渥太華參加海洋學會會議，再返回迪懷安鎮陪父母住了一段時間之後，前往哥倫布市參加太陽能的開發工作。

德州有一家新成立的公司，準備研發汽車的省油飛輪，湯米前往拜訪討論。之後，他又到紐約、芝加哥，像一個到處照顧羊群的牧羊人。這段期間，湯米的收入僅足以支付汽車油費和電話費，但筆記簿的內容卻也更加充實了。

一九七七年冬天，他到芝加哥和姊夫、姊姊珊蒂同住。他參與了商品市場的電腦模型製作工作，但大部分的時間都在打電話。他告訴姊夫和珊蒂，這些都是「聯絡工作」。珊蒂後來回憶說：「這些電話對他而言，實在重要，攸關性命。」

後來，湯米經兩位同事介紹，認識一位芝加哥的尋寶客約翰・多寧（John Doering）。多寧爲人風趣、平易近人；他欣賞湯米的怪癖和工程專長。相識一年之後，多寧計劃打撈一艘傳說中的沈船「觀念號」，據說沈沒地點在多明尼加外海八十浬處。船難發生於一六四一年，沈船裝載了一百五十噸寶物，主要是銀器。此時多寧服務於海上投資公司，正在西雅圖試圖修理一五○呎長的掃雷艇「詹姆士海灣號」。由於前任工程師遭革職時，在「詹姆士海灣號」的引擎上動了手腳，結果油喉和自動駕駛設備損壞，無法行駛。公司需要一位工程師來修復它，並且開往加勒比海。透過多寧的電話邀請，湯米簽了合同，立刻飛往西雅圖，會同另外一位工程師把船修復。

這段期間，湯米特別留心海上投資公司的經營方式。一九七八年七月下旬，「詹姆士海灣號」比預定日期提前兩個月離開西雅圖。但是多寧和夥伴還在籌募資金。船隻在巴拿馬滯留三週，等候資金。在湯米所知的尋寶公司當中，海上投資公司算是組織最好、最有計劃，考慮也最周詳。湯米說：「它們經營良好，遺憾的是仍然不脫尋寶窠臼。問題出在沒有完善的計劃。」

「詹姆士海灣號」滯留巴拿馬等候資金時，湯米回到邁阿密大學的海洋大氣科學系工作，接著又換了幾個工作地點。這時多寧和夥伴們改變直接開往銀魚群島的計劃，改往巴拿馬南方的幾處地點。多寧說：「所有可能地點我們都試過了，希望能找到一些寶藏，稍解財務困境。」雖然沈船殘骸比比皆是，他們始終一無所獲。

這時消息傳來，一位尋寶對手韋伯已經找到「觀念號」殘骸，並和多明尼加政府簽了合約，撈起數噸銀器。多寧說：「沒關係。反正我們仍處於財務困境之中，動彈不得。」

聖誕節快到時，他們回到基威斯特籌措基金，並且推動新計劃，搜索多明尼加沿岸。根據研究，一五六七年曾有六艘運寶船隊在多明尼加的羅梭港和北端的樸茲茅斯港附近沈沒，估計裝運的財物時價約值七億美元。

海上投資公司籌畫多明尼加的尋寶事宜之時，費雪看到了多寧設計監造、長寬各七呎的超大送風機。送風機主要用來吸走寶藏的大敵——沈沙。這時費雪尚未找到「阿圖加號」，可是手頭擁有些許資金。於是他僱用多寧，並且租下「詹姆士海灣號」，要他們在三年前湯米工作地點附近的西班牙淺灘搜尋。當地水深約十五呎。

多寧和工作人員只花了十五分鐘，就在工地挖了八十呎寬的洞，直達海底岩層。一週之後，潛水夫找到一些砲彈、子彈、刀劍等物。費雪不缺刀劍、火槍繩、子彈、砲彈之類的東西，他要的是金銀珠寶。但十年的追尋了無所獲，已經瀕臨絕望邊緣。

六月二十九日，他們再挖一個大洞，潛水夫發現一個直徑五吋的金盤。《國家地理雜誌》的攝影小組苦候一週毫無所獲，剛在當天上午離去，沒有拍攝到這個發現的場面。工作人員立即電告費雪；費雪立即驅車趕到，同行還有一位名叫巴巴藍的神祕客。巴巴藍是明尼亞波里斯的地毯商人，但費雪相信他有神祕的超能力，能夠幫他確定「阿圖加號」的位置。

四天後，他們又找到陶器碎片和七呎長的金鍊。大家激動萬分，飲酒慶祝。費雪、巴巴藍和尋獲金鍊的班科（Rich Banko）三人，以金鍊圈住身子，合拍了一張紀念照。

班科再度潛到海底，發現了七吋長、兩指厚的金塊，上面有西班牙國王菲力普四世的璽印。班科浮上之後，巴巴藍嘰哩咕嚕地說了一串，經過翻譯，原來他是說：「你看，我不是告訴過你了嗎？我會給你帶來好運。」

他們回到基威斯特，費雪和多寧以及「詹姆士海灣號」的僱用關係結束。有一天晚上，費雪在夜總會和兩位人士商談事情，他先拿出金塊，接著拿出金鍊，班科走了過去。費雪大聲介紹：「這些都是這個傢伙發現的。」

離開夜總會之前，費雪和他們簽定投資合約。回程途中，班科要求費雪送他一截金鍊，費雪滿口答應。第二天，費雪在他的船上拆開這條已有三五〇年歷史的金鍊，把其中一截送給班科。

至此，多寧和「詹姆士海灣號」的工作人員總共找到了一些陶器和碎片、銀幣、刀劍、半吋大的紫水晶、四個金塊、兩磅重的金盤、十吋長的小金鍊，還有七呎長的大金鍊。他們獲得十萬美元、外加尋獲物五%——一塊小金塊和小金鍊——做爲報酬。費雪也因此重燃希望之火。

這時湯米已經看夠了淺海撈寶的行動。雖然多寧在銀魚群島打撈「觀念號」的計劃一直不能實現，但是搜尋多明尼加沿岸的計劃，卻引起湯米的興趣。多明尼加是從海地升起的山嶺，周圍的坡度陡峭，離岸數百碼的地方，海底深度即達兩三百碼。這種地方的搜尋工作難度較高，需要設備良好的地磁儀，甚至小潛水艇。這正是湯米測驗深水工作新觀念的好機會。可是工作開始之前，海上投資公司先需解決一個問題。

由於海底地形陡峭，所有可能打撈得到的沈船，都位於多明尼加三浬的領土範圍之內。想在這些水域工作，必須取得多國政府許可。但是多明尼加政局不穩，當政者更迭迅速，交涉時，煞費苦心，任何派系都不能得罪。在一年交涉期間，多國首相因爲貪污而下台，臨時內閣又被民選首相取代。政局動盪不安，大衛颱風也不甘寂寞，趕來湊上一腳。颶風時速高達一六〇浬，毀屋傷人；三十八人死亡，兩千人受傷，六萬人無家可歸，島上唯一的公路柔腸寸斷。多明尼加是個貧窮落後的農業國家，社會情況不穩，必定會妨礙打撈工作的進行。

湯米隨時注意談判的進展，體會到政客的推託伎倆。所以在他的淺海打撈沈船的問題清單上又加了一條：和不穩定的政府交涉，可能出現無可捉摸和耽擱的情況。

一九八〇年二月一日，「詹姆士海灣號」終於抵達多明尼加，準備立即展開探勘羅梭港的工作。湯米和多寧先以一艘十呎長的單人小潛艇實驗。潛艇內部以電燈照明，湯米在艇內以一支鉤狀的鉗子夾取一個螺釘帽，結果他差點卡在小艇裡面出不來。另一次實施無人試驗時，小艇進水，費了九牛二虎之力才弄上水面。這時潛水夫挖了幾處六至八呎深的洞，找到一些無甚價值的物件；它們分屬於不同國籍、不同時代的不同船隻。

一天清晨，湯米被大叫聲吵醒，原來潛水夫鮑伯摔落床下，半身麻痺。幾天來，鮑伯都潛得很深，但少報深度；現在潛水夫病發作，情況嚴重。他跟湯米是死對頭，經常爭吵。他的潛水夥伴班科也對湯米印象惡劣，甚至威脅要痛揍他。

海上投資公司在「詹姆士海灣號」上設有減壓室，但從來沒有使用過。湯米知道治療潛水夫病的權威設在海軍潛水醫療研究中心。班科說：「湯米立刻就打電話請教減壓的正確方法，不肯假手他人。」湯米直接以無線電把鮑伯下潛的深度——一六五呎——告訴海軍專家。不到一個小時，他就把減壓室調整恰當，再把鮑伯送進去。鮑伯在內停留兩天，期間湯米逐漸調整減低壓力，讓鮑伯慢慢恢復。鮑伯從減壓室出來之後，情況雖有改善，但頭痛、昏眩、疲倦跟左肢麻痺的情形依舊。湯米逼問海軍專家，要求提供其他的方法。幾經躊躇，他們提供對患者供應純氧，遏止神經傷害繼續惡化的新法。但是這個方法太新，尚無治療結果的報告，也沒人願意為此負責。

潛水夫所受的訓練，都要求嚴格遵守海軍的規定程序，有些潛水夫反對使用這個方法，不肯合作。湯米不予理會，要求多寧蒐集全部氧氣，並立刻動身蒐購。多寧把「詹姆士海灣號」開到海邊一家醫事學校前面停泊，請來一位護士，帶著足供四、五小時治療之需的氧氣上船。

氧氣仍然不夠填滿減壓室，湯米立刻製造一個手提氧氣罩，讓鮑伯使用，並從瞻視孔觀察，利用對講機和他交談，以防鮑伯昏迷。治療過程持續二十四小時。

第二天，他們利用飛機把鮑伯送到邁阿密，接受進一步治療，一週後出院。醫生診斷他恢復了九八%。班科說：「我不敢斷定鮑伯是否會因此而喪命，但若沒有及時處置，他至少一定會殘廢。這都是湯米的功勞。」

從一九八〇年春天直到初夏，搜索羅梭港和樸茲茅斯港的行動毫無收穫。多寧說：「如果我們往北搜尋運寶艦隊，可能會有斬獲。可是等我們找到艦隊線索時，已經一文不名。只好暫時退出。」

接著支持者相繼退出，修復「詹姆士海灣號」也一波三折，等到終於募足款項支付修理費用時，已經到了山窮水盡的地步了。班科感慨萬分：「這些傢伙胸懷大志，都想轟轟烈烈大幹一場，但資金迅即用盡，一切風消雲散。」

這時湯米到處流浪，參與各種問題的研究工作；收入僅足糊口以及支應電話費用。他先需解決大量問題，才能進行長期的深海工作。因爲這些工作勢必複雜萬分，非常困難。他辛勤研究，設法區分不同問題，形成正確觀念。歌勒爾說：「他從全方位的角度研究各種問題，分門別類，爲的是徹底了解。」

湯米獲悉許多大規模的礦業公司，合作研發海洋開發技術；深海開礦一時成了熱門話題。深海潛水艇早已發現海底滿布錳碎粒，但礦業公司希望研發經濟方法，節省成本。湯米多方蒐集相關資料，然後和相關人士聯繫、討論。

湯米繼續注意旁人的一切嘗試，研究他們無法長期持續進行的原因。旁人似乎無法克服這些難題，甚至連他的恩師歌勒爾都認爲「不可能克服」。「長尾鮫號」慘劇發生之後，海軍和工業界雖也製造了一些可以潛得更深的潛艇，但僅能執行一些簡易的任務：觀測、拍照和抓取。不管身在何處，湯米總和歌勒爾保持聯繫，討論所見所聞，請教各種問題。湯米繼續到處遊學研究，結果歸納出兩個主要問題：第一，到了西元二〇〇〇年，會有什麼新科技可以用於尋找、打撈海底沈船？其次，目前打撈費用居高不下的原因何在？他一再以這兩個問題請教科學家和工程師，終於有了較爲清楚的體認。於是，他開始謀求解決之道。

到了一九八〇年，湯米已經研究了幾十篇論文或報告，請教的專業人士遍及全國。他也從異於尋常的角度，草擬了異於尋常的進行方法。答案仍然不夠完整，但是問題已經清晰確定。釐清問題正是要點所在：旁人之所以無法克服這些所謂「不可能」的障礙，原因就在於他們提出錯誤的問題。

「中美號」一八五七年九月十二日，星期六，黃昏

賀登私下與湯姆士討論，兩人都認爲「中美號」必沈無疑。賀登反覆申明只要船上還有人，他絕不會先行離船。他們對此事祕而不宣，鼓勵所有人手繼續努力；賀登甚至告訴一位旅客，他有「強烈」的信心，「中美號」必能撐到隔天日出，屆時「海事號」可以救走所有人員，「他們答應一定會停在『中美號』附近。」兩艘船隻的微弱燈光還在遠處閃爍。

賀登回到房間，不久之後，穿著全套制服走進舵輪室。他左手抓緊欄杆，姿態莊嚴，神情肅穆，內心似乎完全平靜。

「艾爾多拉多號」抵達「中美號」下風位置時，已是薄暮冥冥了。賀登命令二副詹

姆士發砲求救，而且每半小時發射一次。他命令詹姆士尾隨在側，告訴他兩人將在最後離船。第一發砲彈射出之時，水手長布拉克的救生艇正好回到船頭的右舷部位。

舀水的工作仍然進行不輟，但婦孺都已平安離去，工作情形難免稍微散漫。船艙的進水聲明顯可聞，也可以感覺得到船身傾斜厲害，所以大部分的人都停止工作，尋找救生衣或船隻碎片。大家都因饑餓和缺乏睡眠而衰弱不堪；因為辛勞工作而疲憊難支；因為上天不仁而心灰意冷。有些人連救生衣或木片都懶得找，就直接進入艙房，等待命運的最後一擊。

旅客經過多年的辛勞，都帶有些許黃金。他們沿途細心保管，不敢讓黃金離開視線；如今棄之固然可惜，隨身攜帶更如癡人說夢。其中一人打開價值兩萬美元的金沙，灑在甲板上，棄如塵土。其他的旅客打開金袋，把金幣亂丟，結果甲板上到處是黃金，任人踐踏。三、四百人站在甲板上癡等；其他人留在艙房或下面的通道。夜色籠罩了船身，「中美號」下沈得厲害，每個浪花都打上甲板。船身周圍都是白色浪花，浪花破裂發出刺耳的聲響。船身木板的碎裂聲也陣陣傳來。

一位旅客說：「全船的混亂情況實在無法形容。虔誠的人忙著禱告；狂怒的人大聲咒罵；膽小的人呻吟尖叫，各種聲浪混雜在一起，難以分辨。有些旅客為了爭奪一片木頭，差點大打出手。」

湯姆士拔下一片四呎長、六吋寬的木板，走到船尾。他準備在船隻沈沒時，盡可能地跳離「中美號」。據他估計，當時在船尾甲板等候的人，約有兩、三百個。

賀登船長站在舵輪室邊的甲板上，身邊站的是大副、二副詹姆士和安素．伊士登。當海水淹到甲板時，詹姆士為賀登船長取來一件救生衣，然後放出更多火砲。那些火砲一部分就在甲板上被水淹熄，部分向上射出也只及煙囪的一半高度。七點五十分，賀登和詹姆士爬到舵輪室上方的甲板上，朝下發射三次火砲，通知「艾爾多拉多號」和「海事號」，「中美號」正在迅速下沈。

安素既沒有救生衣，也沒有木板，他的友人羅伯．布朗取得兩件上等的救生衣，一件已經送人，但羅伯堅持要安素穿上第二件。當安素扣好釦子時，賀登船長向他要了手上的雪茄，準備點燃最後一支火砲。就在此時，一陣大浪打來，船身破裂，劇烈前傾；二副詹姆士轉頭一看，周圍海中都是載浮載沈的旅客。他們都是急忙跳海，以求遠離船身。絕大多數旅客仍留在船上。

這時又是一陣巨浪打來，船身整個後仰。一位礦工大叫：「天啊！我們死定了！」電光石火之間，第三次巨浪沖來，船身整個破碎，衝撞不已，甲板上的一切，包括賀登船長在內，全部沖刷一光。二副詹姆士先被拋擲到空中，然後被大浪沖回船身中部的右舷旁邊。

船尾沈入大浪之中，曲線優美的船首指向黑暗的天空；雖是垂死掙扎，卻也傲然不屈，似乎不肯沈入水中。在幾百人的高叫聲中，「中美號」開始打旋，周圍的水流越轉越快，急速的漩渦把旅客吸入令人窒息的黑暗之中。他們互相衝撞，救生衣被激流吸走掉落；壓力擠出肺中的空氣，海水灌進鼻子、嘴巴，身體扭曲。黑暗中，船身在他們的周圍繼續爆裂，碎片陷在漩渦之中，或是纏住索具，迅速盤旋，撞擊著旅客。海水開始衝進他們的嘴巴、衝進肺部，臨死前的迴光縈繞腦中，然後隨著這艘優雅的大船沈入海底。在船殼沈入幾千呎的海底之前，他們早已魂歸離恨天了。

有些旅客又被巨浪沖上水面，他們呼吸困難，艱苦萬分地做著垂死前的掙扎。風高浪疾，海水冰冷，這時又從海底噴出破船的樑柱、艙口蓋、門窗、蓋板、木塊等碎片。這些物件衝上空中，摔落下來，打傷、打昏、打死了不少旅客。他們才剛剛逃過漩渦一劫，卻仍逃不出死神的魔掌。海上布滿了屍體：頭部向前，四肢下垂，頭髮蓬亂像是海草。一位旅客說：「浮出水面時，景象恐怖之至。有的罹難者還緊緊抓住木板。屍體分散漂浮在一大片的海面，看起來像是在水中載浮載沈的軟木塞。那種感覺眞不是任何言語所能形容。」

那些被吸進漩渦的人，原本握在手中的木板都因爲衝擊而脫手；他們浮上來之後努力尋覓，設法抓住任何漂流的物件，但很快就被旁人搶走。有的人手腳都斷了，還是極力掙扎。一些較大的木板，因爲大家爭相擠上，很快就沈沒了。不會游泳的人拉住會游的人不放，結果一起同歸於盡。

數百位旅客隨著海浪浮沈，尖銳的呼救聲穿透風聲，此起彼落，最後變成哀嚎。但是呼救聲和哀嚎很快就逐漸沈寂，在海浪衝激之下，他們四散分開，掙扎也逐漸停止。

湯姆士說：「前後才十分鐘，三百條人命就被大海吞噬，永沈海底。」

孟勒夫被漩渦吸走，連救生衣都被衝掉了。當他浮上來，並擺脫旁人的拉扯時，遇到一個朋友給他一件多餘的救生衣。他們兩人緊緊抓住一些碎片，唯恐碎片再被海浪衝走；可是他們還是被海浪衝開。孟勒夫寫著：「我隨著無情的海浪漂流，海天茫茫，不知身在何處。大浪排空而來，撞得我幾乎喪命。有時陷入浪谷，只好閉著氣，停止呼吸，等著再浮上來。這真是希望渺茫的求生掙扎。沒有月亮和星星，天空一片漆黑。茫茫大海中，不時傳來孤單的叫聲和絕望的哀嚎。身陷絕境，希望無所寄託。我隨時準備閉氣度過大浪，以免嗆死。」

載浮載沈的旅客，分布範圍超過一浬，原先還寄望於「海事號」的救生艇，這時顯然已成畫餅。船隻沈沒一小時之後，有人看到下風面的微弱燈光，那是「艾爾多拉多號」。位居下風面的船隻，不可能幫上什麼忙；不久之後，它的燈光就消失於黑暗之中了。他們繼續搜索黑暗中的迎風海面，如果有什麼救援的話，只可能來自這個方向。

偶爾風吹雲散，可以瞥見天空的星星，表示四天的狂風暴雨總算接近尾聲。這個情況鼓舞了一些人的求生意志和希望：如果支持到天亮，明天可能是風和日麗的一天。

除了努力掙扎避免下沈以外，他們還互相鼓勵安慰。比利．博區受了傷，和幾個人擠在一片窗戶之上。「爲了鼓舞大家，他模仿海怪，說一些有趣幽默的故事。他的傷口流血，遭受海浪的凌虐，卻表現出道道地地的哲學家氣質，激發旁人的勇氣。」

時間過得很慢，旅客一個接著一個無聲無息地停止掙扎，沈入海底。多日來累積的疲憊，浮沈於冰冷的水中，再加上海浪的衝擊，榨盡了他們的最後一點活力。他們的手指發軟，無力地張開，手臂下垂，昏迷不省人事，然後死亡。大海逐一攫走他們的生命，同伴們只能無助地旁觀，然後他們自己也難逃一死。

「中美號」沈沒前的最後一刻，安素和賀登船長都站在最上層的甲板上。那時羅伯給安素一件救生衣，剛剛扣好鈕釦，第一陣大浪猛衝而至，大副的強壯手臂抓住他的脖子，兩人一起被漩渦吸入一片黑暗之中。他掙脫大副的糾纏，又被擠出水面，置身於幾百個掙扎的旅客之中。碎片就像飛彈不停地從水中射出，他迅速抓住一片木板。

遭受海浪衝擊之時，安素看到下風處「海事號」的燈光，上面有他的愛妻。在漆黑的海面上，他時而大叫，時而聽到遙遠微弱的回答。他似乎陷入精神狂亂的狀態，又好像自知陷入這種狀態。

漂流了大概三個小時之後，威廉・艾迪忍受不了可怕的孤單，他寧可回到沈船前的時刻，至少還可以感受到甲板正逐漸沈入水中。他大喊：「哈囉！哈囉！」不遠處的黑暗中，有人回答：「喂！喂！」

「你是誰？」

「加州松谷的傑克・路易士。」

艾迪也回報了自己的姓名和籍貫。路易士突然問他：「你晚上準備住哪裡？」

「五星級的大飯店啊！老兄。」之後一切歸於沈寂，對方沒再回答，艾迪再也沒見到這個人。

哈維醫師獨自飄流了五個多小時。午夜過後，有人漂到身旁，伸手拉住他的門板。哈維頗爲躊躇，唯恐門板承受不了。那個人自稱是詹姆士・費茲；他說如果淹死，紐約的嬌妻幼子將會孤苦伶仃。哈維認出他原來就是船上的二副。「我叫詹姆士放掉他的椅子，上來與我同坐門板。無論如何，我們都要同舟共濟，同生共死。」

「海事號」的貨艙中，盛裝糖蜜的木桶破裂，糖蜜流出，氣味難聞。三十一位女士和二十六個小孩擠在八呎見方的小艙房中。大家的衣服都已濕透，婦女們只好用床單裹住小孩，把救生衣當枕頭。她們自己則盡量換上找得到的水手服裝。

大浪還是不時衝擊船頭，海水流過甲板，濺入艙房。有些婦女徹夜痴心苦候。多數孩童也只是短暫地打盹。

獲救的四十一位男人擠在裝載砂糖和焦油的後艙；艙內空間狹隘，呼吸困難。大部分男人爬上舷側水櫃，以多餘的帆布當床。雖然濕冷悽慘，但保住老命，總算大幸。

愛德琳和另一名婦女不肯離開甲板。船長命人在甲板上鋪了帆布，讓她們躺臥，再以帆布當被。愛德琳只要一閉上眼睛，眼前都是垂死者的掙扎景象，以及他們絕望的呼喊聲。「我不停地自責，」後來她這麼寫，「為什麼不留下來和安素同生共死？」

柏特船長一有空就過來安慰她。愛德琳說：「柏特船長的仁慈，我永生難忘……他眞是睿智、仁慈、善良。他爲我們費盡心血，對我尤其仁慈……他敘述了許多海難獲救的故事，總以『我覺得船隻一進港，你就會和丈夫相逢』來安慰我。」

深夜時，海浪仍大，但風勢稍弱，柏特船長用盡方法把船朝北開向「中美號」沈沒的地點，然而索具受損嚴重，無法頂風航行。柏特船長只有寄望於海浪了，他希望海浪送來落水的人，速度快過漂移他的船。可是海上空無一物，沒有在水中掙扎的人影，沒有船隻殘骸，只有遠處「艾爾多拉多號」的燈光。

黎明的曙光顯示天氣稍微轉晴；波浪仍然洶湧不已，但力道減弱。「海事號」蹣跚前進，獲救的人以餅乾當早餐，大家共用五個杯子輪流喝咖啡。柏特船長升起更多船帆，繼續在估計沈船的地點迂迴搜尋。經過幾個小時的努力，他們沒有發現雍容優雅的「中美號」所留下的任何痕跡，也沒有任何生還者的跡象。遠到天邊的地平線之間，只見海天一色，除了「海事號」，什麼也沒有。下午兩點，柏特船長認爲已盡人事，加上船上的一百名乘客缺水缺糧，所以下令開船，朝諾福克港前進。

俄亥俄州哥倫布市
一九八一年

貝特勒紀念研究院創立於一九二九年，是一個非營利性質的私人研究機構。二次大戰期間，旗下的五百位科學家參與了研製原子彈的「曼哈坦計劃」。其後陸續發明或改良影印機、硬幣銅錫塗裝法、太空船的隔熱片等等。

研究院總部位於俄亥俄州立大學校園正南邊，共有三千位科學家從事研究；其中六〇%的研發項目是政府委託進行的，國防部是最大雇主。

裝備研發部主任唐恩．費凌克（Don Frink）說：「我們處理所有的疑難雜症：太空的、地下的、敵後的、還有水中的；其中大部分都是海洋工程，它的性質最爲獨特。」

他們每年約可收到兩百封求職函，精挑細選之後，大約只有二十位可以與費凌克進行面談；而五名錄取者之中，通常有四名前來就職。費凌克需要有各種實際工作經驗的工程師，只懂理論而缺乏工作經驗的申請者，都在屏除之列。

湯米雲遊全國，蒐集資料和累積經驗之後，在一九八一年春天回到哥倫布市。他求見費凌克。湯米相當符合費凌克採用新進工程師的四個要件：聰明、進取、熱誠、易於共事。但費凌克也唯恐這位兼具發明家和企業家稟賦的年輕人難以久安其位，說走就走，那麼研究院對他的投資，將會化爲烏有。

但是湯米保證：「不會的。我一向渴望能到貴院工作。」

費凌克向俄亥俄州立大學查證，發現所有教授都對湯米印象深刻。他們保證：湯米那個傢伙一定會有成就，雖然不能預見是什麼成就，但一定會闖出名堂。費凌克也承認：「他的IQ一定是天文數字。」

費凌克邀請了四位工程師共同參與面試，他們全數通過僱用湯米。儘管如此，費凌克仍然頗爲躊躇：湯米那種人根本就是工作狂，工作時間又不正常，必定相當難以共事，恐怕同事無法忍受他的作爲。費凌克還有另一層顧慮：工作人員必須隨時隨地、全心全意地投入工作，連下意識都必須爲貝勒特工作；他怕湯米心猿意馬。但是後來他承認：「湯米工作得比我所預期得還久，都已經過了四、五年了，他還留在崗位上。」

費凌克只顧憂慮湯米會投注多少心力在貝特勒，又會把多少心力分心於其他工作，但他從未想到，有朝一日，他和唐．海克曼（Don Hackman）都將爲湯米工作。

湯米在往返基威斯特和哥倫布之間時，結識了鮑伯．伊凡斯（Bob Evans）；他也是主修地質學的大學生。鮑伯原來也是古典鋼琴演奏家，後來改奏爵士樂，擅長蒐集小道消息，而且記性驚人，聯想力豐富；個性良好，毫不做作。

此後他們來往密切，經常徹夜深談，上自天文，下至地理，乃至湯米的工作經驗，無所不談，頗有相見恨晚之感。湯米談到如何分辨和確認自己要尋找的沈船。這些沈船地點都在淺海，狂風巨浪和海底洋流把沈船的物件匯集在一起，像是孵卵器中的雞蛋；湯米說這是「垃圾場效應」。

尋寶者通常遍查各種紀錄，只要沒有打撈紀錄的，就認爲該船未經打撈，沈寶尚在原地。但事實如何呢？又該如何確定？湯米認爲大型帆船吃水大約十五呎，所以大概會碰撞到十五呎深的暗礁。費雪找到的物件都在水深十二呎處；然而「阿圖加號」的寶藏沒有在一六六二年就被撈光，是因爲沈船三週以後，又發生了一次更大的颶風。

湯米認爲尋寶者受制於太多的未知數，諸如天候、歷史、政府、人性等因素，以至於無法掌控全局，幾乎全都失敗。成功之道，就在於掌控更多的因素，加上詳盡分析，減低冒險程度。自從哥倫布發現新大陸以後，無數的金銀財寶從新大陸運往舊世界，其中有四分之一沈於海底。所以確有寶藏存在，但不該從加勒比海淺海處的沈船殘骸中去尋覓，那機會太渺茫了。湯米認爲理想的尋寶地點，應該是在海浪衝擊不到殘骸的地方，在殘骸不至於互相重疊的地方，在海底堅硬、海流緩慢的地方，在政府無法主張所有權的地方。所以湯米告訴鮑伯，他要在深海打撈沈船。

費凌克很快又發現了湯米的諸多優點：精力充沛、待人誠懇、學識豐富令人折服，尤其能夠說服學識豐富的顧客。費凌克原本有意要湯米擔任研發海軍裝備的設計師，至此改變主意，要他主持研究一個解決問題的全面系統。這時正逢政府有意投入大量經費，研究海底礦藏的開採方法。湯米全心投入，列出優先次序，仔細分配時間。他每天工作十個小時以上；一下班，又沈溺於思考海底沈船問題。他的思考重點不在殘骸和財寶，而在技術。海底開礦的研究工作增加了他的新構想。除非海底礦物的價值劇增，否則開採所得將不足以支應研發費用；但是沈船不同，只要一艘裝載大量財寶的沈船，就足以吸引投資者，獲得足夠資金，研發所需技術。

十七世紀時，哈雷彗星的發現者哈雷爵士製造了第一個潛水鐘，可以容納三個工作人員，下潛到六十呎深的水中一小時四十五分鐘。工作人員利用繩子或鏈條綁住沈船的物件，然後由其他水手拉上水面。三百年後，技術固然大有改進，但所能完成的工作依然沒什麼改變。

一九六三年「長尾鮫號」沈沒之前，海軍專家就已開始游說五角大廈，撥款研製潛得更深，配備伸臂可以抓取物件，能夠自行移動的深海潛艇。然而設計完成之後，海軍艦隊視之爲血統不純的雜種，沒有包商願意承建。海軍只好委託密勒通用公司建造，取名爲「愛爾文號」。

一九六四年，一架空軍B-52轟炸機在地中海例行巡邏時，失事墜入海中，殘骸散落的面積廣達十平方哩。該機載有四枚核彈，威力都比投擲於日本廣島的原子彈強七十倍以上。其中三枚在陸上尋獲，另外一枚連同降落傘沈入海中。海軍當局動員了「愛爾文號」和新造的「阿魯米諾號」前往搜尋。後者較新，能夠下潛八千呎，重達七十八噸；前者潛水能力則有六千呎。當局稱呼這次搜尋任務是「在黑暗的草堆中尋找針眼」。

「愛爾文號」潛水十次，終於在兩千八百呎深的海流中發現核彈的降落傘。但是母船丟下懸鉤時，「愛爾文號」搖晃得像個醉漢，絞起的動作失敗兩次。核彈失去蹤影，九天之後才再尋獲。這時海軍只好動用最新的纜控水下研究船（CURV）；這個小機器人配備了燈光、照相機和伸臂。正當它要絞起核彈時，降落傘突然張開，包住了機器人，使它動彈不得。母船的水手費了九牛二虎之力，才把機器人連同核彈拉起。大家只好承認，這次成功全靠好運。

之後，海軍繼續研製了「海底懸崖號」和「甲魚號」，船形比「愛爾文號」較大，速度較快。接著又建造了「比目魚號」和核子動能的NR-1；後者配有各種新進裝備，可在海底停留數週，並且裝有輪子，能在海床上行走。然後可以下潛六千五百呎的深海搜救載具（DSRV）也接著問世。原先估計DSRV每艘造價是三百萬美元，一九七〇年代出廠的兩艘，造價卻達兩億兩千萬美元。

「長尾鮫號」沈沒二十年後，深水潛艇已經可以潛得更深，在水底停留更久。它們測量了墨西哥灣流、標出扇形海床位置、收回沈沒的水雷和飛彈、探測錳礦礦層、研究地質、檢查海底探勘裝備。但是如果除去電腦導航系統、推進系統、空氣再生系統、聲納和照相機，它們所能做的，幾乎只是把掛物鉤勾到物件上，再由上面水手用絞盤機絞上，或以伸展臂笨拙地抓住東西而已。

打撈深海沈船，理論上只要在沈船地點放下蒸氣爪鉗，夾住殘骸用力拉上。但是這麼做，物件會破碎，減損歷史價值；寶物遭受破壞，價值銳減；浮水途中，物件可能喪失，有的從此無法尋獲。何況殘骸結構複雜，難以辨認；寶藏有時壓在下方，埋得更深；在在都是難題。湯米從不考慮使用這種方法。他先要探勘、紀錄，然後像積木一般逐片拆解，不讓彼此互相影響。他要保持精緻物件的原狀，毫髮無損。他還要利用攝影機和錄影機拍攝全部過程。湯米說：「我們要做得精緻細膩，像是外科手術。」

他預見未來水底下的工作，應該是在海底幾千呎上方的自動化控制室中操控。只要費用不缺，假以時日，科學家和工程師必可製成機器人，在陸上執行這些任務。這些精緻的儀器，其實還只是簡單的部分。在海面操控深處的機器人，祕訣不在這些精密複雜的儀器，而在人的觀念。這時，已經問世的海底儀器種類繁多，形式各異，較諸哈雷的潛水鐘，工作能力的增加實在有限。經過十年的努力，湯米總算分門別類，有了清楚的認識。

首先，從水面開始。如何把潛艇放進海中？只要十節的風速，就可以產生三呎高的海浪，妨礙潛艇的釋放，嚴重時甚至可以打壞艇殼。所以只要海浪達到三呎，就不可冒險釋放潛艇；但海浪小於三呎的機會不多。

其次，小潛艇放進水中之後，母船在海面隨著海浪起伏，此時聯繫兩者的纜線時緊時鬆。有時力道大過小艇重量十倍以上，還可能扯斷纜繩，使小艇沈入海中，消失不見。包覆的纜線當中，還有許多傳輸訊號的電線，它們縱然沒有因爲上述情況而斷裂，但每次通過滑車或絞盤時，時彎時直，力量時大時小，線路也容易疲乏受損。再製抽換，需時三月；如果攜帶備份，人員和空間都要增加，所費不貲，成本大爲增加。

小艇降落海床既困難又危險，原因有二：其一，搖晃的母船震動小艇，使小艇不易控制，加上照相機的鏡頭時常被泥沙遮住，無法觀測，不能確定小艇的確切位置；其二，纜線下懸重物，突然釋放時下端彈起，纜繩會在水中扭轉打結。扯起重物時，母船的搖晃照樣可以扯斷纜繩，那麼只有鳴金收兵，把小艇留在海底了。

解決方法之一是，把動力裝置在小艇上，不需上下通訊，而由工作人員在內駕控。但人員的生命安全難以保障。所以每個系統都需要後備的支援系統，結果累贅的備份不但消耗了工程人員大量的精力，也使小艇臃腫笨拙，效能減低。

湯米的計劃非關國家安全，所以沒有政府資助，資金有限；一切都必須以最簡省的代價完成，設備、技術加上其他費用，不能超過一千萬美元。

這時發展無人載具漸成共識。因爲這種載具不但輕省，更無工作人員生命安全的問題。美國海軍雖已開始研製，但是法國拔得頭籌，完成第一艘無人載具。這個載具缺失仍多，無法把握時效，例如海底攝影機拍攝的照片必須在上面沖洗，但海底情況瞬息萬變，往往錯過時機。湯米心中的載具必須能夠停留夠久、必須能夠由海上操控、必須能夠即時報告實況，這樣他才能當機立斷，做出正確決定。

不論載不載人、繫不繫纜，每個系統的主要問題都在於未能克服潛水載具的不穩定性，而無法進行海底的主要工作。爲使它們能在水下浮動前進，浮力重心必須狹長且固定，不能變動；操控儀器必須短小，過長會使浮力重心變動，船身傾斜，稍微使力，小艇就會翻覆。

湯米早就決定放棄在海底使用工作人員的方式，因爲既昂貴又危險，且功能有限。「我認爲祕訣在於建造穩定的無人載具，具備各種機械功能，而且必須能在海底連續工作數天。」他心目中的理想工具是「水下遙控載具」（ROV）。一九八二年，全世界共有十艘這種機器人；但釋放、回收和降落海底時的纜線問題依舊，仍然無法有效地在海底進行工作。湯米認爲只要加以整合水下工作的各種技術問題，應該不難解決。關鍵所在，應該是整個系統背後的觀念和次系統之間的相互關係。湯米的稟賦正足以將這些難題逐一分解，詳盡檢驗、了解之後，再進行旁人所謂不可能之事。

打撈沈船的第一步是確定打撈對象。確定幾千呎深水中的沈船狀況，是技術上的第一個難題。根據文獻記載，只能知道大概的沈船地點，誤差可能高達五十浬以上。首先必須搜尋廣大的海面，如果利用傳統的聲納，必須耗時幾百個工作天。幸而，哥倫比亞大學爲了研究深海採礦，在一九八○年研製了「西馬克一號」高速探勘系統。但「西馬克一號」的工作契約已經排到兩年以後，而且利用「西馬克一號」探勘所得的資料，依法均需公諸大眾。

一九八三年，湯米結識了曾經參與這種探勘工作的地球物理學家麥克·威廉森（Mike Williamson）。麥克認爲利用探勘用的攝影系統探測海底山脈易如反掌，就連搜尋沈船、飛機或飛行紀錄器、炸彈、飛彈零件等，也非難事，唯一的難題是缺乏資金。

一九八三年，麥克成立一家海洋技術公司，賣掉之後，重新成立一家，可是欠缺的仍然是價值百萬美元的新式聲納。他說：「如果有一百萬資金製造聲納，我就可以大展雄圖了。」湯米鼓勵他繼續進行，甚至答應幫忙募集資金。但是麥克認爲湯米只是尋寶客，而麥克自命清高，與他來往的都是知識分子，所以當時不屑與湯米合作。

幾經聯繫和當面討論，湯米認爲麥克改進「西馬克」系統的觀點正確可行；這正是他夢寐以求的新一代科技。這時他突然感到所有瑣碎的問題，全部浮現了解決的曙光。只要人選恰當，加上努力，事情必能成功，湯米心想：我終於決定，是時候了。

於是湯米一下班，就埋首研究著名的沈船，如「鐵達尼號」、「共和號」、「安德里亞多利亞號」和「聖荷西號」。他研究的重點在於：有無足夠文獻確定它們沈沒時，確實裝載大量財物？沈船地點是否可以大致確定？然後研究沈船地點的海域情況。如果海底沖積物過多，不但沈船會遭掩埋，將來打撈所挖掘的深洞，將瞬間遭流沙掩埋。如果海流速度太快，沈船地點必將難以仔細觀測，也難以放置帶有攝影裝備的ROV。經過逐一篩檢之後，才能確定最有可能打撈成功的沈船。

湯米研究過的船隻，包括傳說沈沒於海特拉斯角外一百呎深的海中的「中美號」。尋寶客無不使盡手段宣揚這個傳說，以維持資金的來源。湯米仔細研究一八五七年的報紙，根據報上的官員敘述，整理資料。湯米的結論是：「中美號」失去動力，應該沈沒於卡羅萊納州羅門岬東方或北方大約一百浬處。

如果「中美號」眞的沈在羅門岬外一百浬處，當地應該是所謂的「布萊克地脊」的特殊地形。他要鮑伯代查相關資料，結果令他喜出望外。「湯米，」鮑伯迫不及待地在上班時間打電話給湯米，「一點問題都沒有。」原來布萊克地脊上方的洋流速度只有十分之一節，海床堅硬，而且一千年才累積一公分的沈積物。

此後湯米和鮑伯經常會面，敲定他們所謂的「著名沈船選擇程序」。他們首先區分內在和外在的風險。內在風險主要跟沈船地點有關：一是已被打撈的可能性，二是文獻記載的正確性，三是沈船地點的環境。所有深海沈船都在第一項取得高分，多數在第二項的評分也不低，但只有少數在第三項得到高分。

其次就是評估外在風險：有利的工作因素、地點的安全性，以及法律權益的取得。目前的技術水準能夠保障工作安全嗎？能不能獲得法律保障呢？

考慮上述因素之後，最後一關就是：船上有無值得打撈的財物？

「鐵達尼號」上的財物只有富裕旅客的隨身珠寶，而它的鋼造船身，縱然找到也難以打穿入內工作，所以不予考慮。其他如「共和號」和「安德里亞多利亞號」也因爲同樣原因被排除在名單之外。「聖荷西號」載有價值十億美元以上的寶物，但沈船地點在哥倫比亞外海，浪潮澎湃，工作困難，顯然也不是理想的目標。

最後雀屛中選的是「中美號」。原因是：「中美號」沈沒於十九世紀，當時的紀錄精確，航海儀器相當可靠。幾十人目睹船隻沈沒，還有五位船長提供的座標，都證實沈船位置正在一千年才有一公分沈積層的海域中。外在的風險考慮也一樣有利：「中美號」雖是木造船身，但鐵質的鍋爐和引擎卻是聲納的好目標；而且它的沈沒地點在美國領海，不用跟外國政府交涉，安全也無虞。

此外，「中美號」還有一個無法比擬的優點。它是美國籍船隻，運載的寶藏象徵了美國從加州淘金熱潮一直到南北戰爭的歷程。找到它，就等於揭露了美國的一段重要成長歷史。

「中美號」所載運的黃金更是價值驚人。以一八五七年每盎司黃金市價二十美元估算，文獻記載的承運黃金價値應在一百二十萬美元到一百六十萬美元之間；旅客隨身攜帶的也應該不少於此數。陸軍還證實一個流傳多年的傳聞：「中美號」當時還祕密載運了六百塊五十磅重的金磚，準備為不景氣的北方企業紓困。

湯米蒐尋到兩組座標，可以幫助確定「中美號」的沈船地點；一組來自駁船「艾倫號」，它在出事第二天開抵沈船地點，另一組來自縱桅帆船「艾爾多拉多號」，它在「中美號」沈船前九十分鐘抵達船尾。兩組座標時間相隔十二小時，但距離相差竟有六十浬之遙，使得搜尋範圍過大，難以進行。不過湯米又查出，當天「艾倫號」曾遭遇另一艘開往薩凡那的「薩克松尼號」。如果獲得「薩克松尼號」的船隻座標，對於確定沈船地點將有決定性的幫助。湯米大費周章，幾經周折，終於查出「薩克松尼號」的座標：緯度31°40'，經度76°20'。這個位置和「艾倫號」船長的說法相差不到十五浬。

湯米說：「我們找到災難次日現場附近的三組座標，研判結果，應該是『艾倫號』船長的報告比較接近沈沒地點。這可不再是道聽塗說，終於有了科學根據，可以讓我們放手一搏。」

此時湯米全神貫注於技術問題的研究，所以把蒐集所得的一切文章、信件和初步整理所得的資料全部交給鮑伯，要他以歷史家的角度繼續蒐尋研究。正好鮑伯的業務清淡，可以全心投入。

「中美號」沈沒是十九世紀震驚美國的大事，也是美國海運史上最大的不幸事件，甚至有人認爲一八五七年美國的經濟恐慌，也是黃金隨著它的沈沒所引起的。當時的美國報紙長篇累牘，鉅細靡遺地報導生還者的敘述。頭版篇幅不足，繼之以二版、三版，甚至四版，連續報導幾週。鮑伯廢寢忘食地蒐尋、歸類、研判、整理。爲了正確了解內容，他特地買了一本一九二〇年代的海事術語辭典。他開始想像自己也在「中美號」上，參與了最後這一段航程，親自體會船難的全部細節。此外，他還研究美國早期和一八五七年所有的著名颶風。鮑伯說：「我不讓任何資料流出去，因爲我們知道，還有許多人也在覬覦『中美號』。」

一九七九年，律師霍夫曼（Robbie Hoffman）本擬介紹一位有意打撈「安德里亞多利亞號」的顧客給湯米，經湯米解釋該船不是理想的打撈對象後，生意沒有成交。但兩人卻惺惺相惜，都認爲打撈事業有朝一日會萌芽茁壯。「到時如果你還在這個行業，務必告訴我，我有興趣參與，」霍夫曼如此告訴湯米。

一九八三年，湯米認爲「有朝一日」已經來臨。技術已經成熟，絕佳的目標「中美號」也已找到，接著該是多方接觸投資者、包商和專家，尋求正確的技術和募集資金。湯米聯絡霍夫曼，提醒他在四年前的提議。此後兩人經常會面，湯米大談他的理論，但對於如何贏得投資者的信心，支持這些昂貴且幾乎不可能的想法，兩人都持懷疑的態度。霍夫曼說：「我是啦啦隊長，扮演跟隨者和傾聽者的角色，聽他高談闊論。」他把湯米比喻成爲追逐風車的唐吉訶德；而他是跟在驢子後面跑的跟班。他們深入探討，研擬各種信件，分別寄給研究圖書館、供應商、包商，以及可能的投資者。霍夫曼常常丟下新婚妻子，讓她一人獨守空閨，自顧和湯米徹夜工作。霍夫曼這樣描述他們的工作情形：「我坐在電腦前，湯米站在旁邊。螢幕上顯示將要寄發的信件，每封都得經過多次校對。湯米白天在貝特勒上班，八點下班回家，然後在晚上十一點到我家來，工作到凌晨兩、三點。他就是這麼有規律。」

有了鮑伯和霍夫曼這兩位左右手，湯米可以把一些想法轉化成爲計劃了。霍夫曼認爲這個計劃就像慣性定理：動者恆動。雛形一經出現，進度就越來越快。

寄發的信件中，有三封分致加州好萊塢一家科學公司的出版部、一位南非的億萬富豪，還有密爾瓦基密勒酒廠的繼承人。他們都表示興趣，而且都願意提供尋找「中美號」所需的資金。但直接商談結果，前兩者都爲了某種原因而退出。第三位，也就是酒廠繼承人哈利．約翰（Harry John），在商談過程中，指使手下影印全部資料，但湯米拒絕，以關係未到分享資料的程度爲由，取回全部文件。雖然如此，哈利興趣依舊，湯米卻認爲此人不可靠，但又不想立刻切斷聯繫。湯米的原則是，永遠保持選擇的機會。如果監視得宜、處置妥當，哈利仍有可能提供麥克製造西馬克系統所需的資金。

湯米再安排和哈利以及麥克在西雅圖會面。麥克講解西馬克系統的細節，接著哈利就和麥克的財務人員討論問題。麥克覺得情況相當順利，希望濃厚。會後哈利不停探問有關西馬克系統的一切問題，並且懷疑既然有現成的西馬克，爲什麼還要重新製造。湯米跟他解釋：西馬克爲一家大學所有，所有探勘所得資料，依法均需在一年之後公開。

三個月之後，湯米聽說哈利和哥倫比亞大學簽了合同，利用「西馬克一號」探勘卡羅萊納州沿岸的大西洋灣。哈利一直追問各種資料，原來是居心叵測。二月，大西洋風浪正大的時候，哈利出海十天，想利用「西馬克一號」搜尋海底獲得資料。他根據的座標是由「艾爾多拉多號」提供，由紐約保險協會公布的數據：緯度31°25'，經度77°10'。這個座標和湯米另外取得的兩個座標相隔六十浬。哈利未經仔細查證，就魯莽從事。湯米不同，他要謀定而後動。

由哈利出資的希望既已破滅，湯米只好一再鼓勵麥克，要他無論如何，想辦法製造「西馬克ＩＡ」。爲了保密，湯米不肯租用「西馬克一號」，因此需要自己擁有一艘，還需要一位專屬的操作員。他答應麥克，一旦找到打撈「中美號」的投資者時，他將第一個租用「西馬克ＩＡ」。

尋覓夥伴　一九八四年

如果說湯米的人生哲學一半是保持選擇的機會，那麼另一半就是爭取選擇的機會。在跟前述三位投資者會面以前，他已經先和恩師歌勒爾討論過資金的問題。

一九八四年初，湯米和歌勒爾見面，並詳述了「中美號」的故事；說明他將如何利用西馬克的技術找到船骸，以及設計建造一個載具，深入海底、記錄現況、逐步拆解，取出黃金。但問題在於如何取得資金，進行工作。

當時歌勒爾已是俄亥俄州立大學工程學院院長，他立刻安排該院負責籌募資金的賀伯・雷普（Herb Lape）與湯米見面。歌勒爾事先向雷普說明湯米的計劃聽來可能令人覺得匪夷所思，但以他的工程和海洋知識，相信不久就會有人從事同樣的嘗試。經過湯米詳盡仔細的說明，雷普還是難以置信，並且心想向朋友轉述這種故事，要求投資，實在棘手萬分，「眞是天方夜譚。」

雷普生長於富豪之鄉貝克斯里。歌勒爾建議他安排一次午餐說明會，邀請家鄉的富豪參加，看看能不能讓他們解囊資助。朋友們接到雷普的電話，都支吾其詞。雷普除了說明午餐免費、提出構想的人是貝特勒的工程師以外，還得搬出歌勒爾做爲號召。

雷普預訂的餐廳可以容納十二位客人。除了他們三人以外，還有九位可能投資的客人應邀出席。雷普對湯米說明，客人之一的會計師維恩．雅士比（Wayne Ashby）是關鍵人物。因為籌募和組織基金正是他的本行，何況他交遊廣闊，關係良好。

九位客人的財富估計超過十億美元。歌勒爾先簡單說明，然後他說：「你們當然知道，湯米不會置身事外，但是你們可能不知道，我也一定會全程參與，絕不半途而廢。我認識湯米多年，知道他為人誠懇、聰明機智。他一定會拚命做事。當然，各位都得自行判斷，打撈沈船這種事情原就無法保證。」

湯米從緣起到經過，鉅細靡遺，詳細說明。期間一位客人提前離席，臨走時他說：「計劃滿好的，但維恩是我們的會計師，我們先得聽聽他的意見。」

雅士比是一家規模龐大、分公司遍布全美的會計師事務所哥倫比亞地區分公司的負責人之一，他的客戶包括了在座的所有客人。哥倫比亞地區的客戶，財產淨值不下數億；可能對湯米的計劃感興趣的人，他都認識。可是在歷時一個小時的說明會中，雅士比一言不發，散會離去時，也似乎表現得毫無興趣，只說：「我覺得湯米是個難得的青年。我們都很忙，這次說明會很有趣，增廣了我們一些見聞。」

此後湯米煞費苦心、鍥而不舍，展開對雅士比的說服工作。

他先是每三週打一通電話，請教的都是專業問題，簡短、中肯，絕不拖泥帶水，當然他不會忘記提到計劃的最新進度。結束談話時，湯米都說：「過幾週，我再請教。」然後逐漸把時間縮短到兩週一通，再來是每週一通；偶爾甚至親自造訪。湯米說：「我不時對他提起我的構想，不讓他淡忘。希望有一天，他能對計劃抱持同樣的看法。那麼，他就能夠幫助我把計劃轉變成爲『適當的事業』了。」

雅士比的態度從原來的「沒有時間考慮」，逐漸演變到開始考慮驚人的投資報酬率，「這是長期投資，風險很大。可是回收率可能是投資的一百倍，也就是百分之一萬啊！」他和湯米的會談越多，對湯米的智慧越是心折。湯米言必有物，雖然計劃像是天馬行空，可是仔細想來，也算是空前難得的機會。這不是隨處可行的一般投資，而是開拓新領域的探險，何況成功的話，報酬之高也是空前的。然而，此時雅士比對湯米著迷的程度，仍遠遠超越對計劃的興趣。「我跟他相處越久，對他越有信心。甚至有時不了解他的談話內容，仍對他充分信賴。談到主題時，他可眞是口若懸河。」

就這樣會面談話、解答問題、提供意見，匆匆過了幾個月。雅士比終於覺得，遲早他會爲這個計劃籌劃投資管道。因爲他覺得湯米以過人的充沛精力，全心投入這個計劃；而且他也漸漸體會到，這個計劃不是夸誕之談，只是投機性過高而已。雅士比終於了解整個計劃，再無疑問。有一天他打電話給湯米，告訴他：「我決定投入這個計劃。我們應該如何進行？」

這時已是一九八四年初夏了。由於打撈計劃雜務太多，湯米在貝特勒的每週工作時數從六十小時減到五十小時，再減爲四十小時。所以他和費凌克談妥每月只在貝特勒上班固定時數，薪水照扣。

雅士比認爲要使投資計劃有模有樣，先要找到一家大規模的律師公司代理。因爲公開招募基金，必須符合嚴格的法律規定。此外，還得有個公開的名義。

他們找到一家大公司的名律師伏里（Art Vorys）；當初他也參加了午餐會，但會後就淡忘了此事。這次會面，伏里問：「沈船有多深？」湯米回答：「至少八千呎。」伏里驚愕不已，下巴差點掉了下來。他認爲在八千呎的深海打撈一百多年的沈船，眞是荒謬之至。在八千呎的深海之中，如何指揮伸展臂移動四、五吋進行細微工作？這豈不是天方夜譚？因此他決定不加入。

參加這次會議的還有一位會計師佛烈德·達特曼（Fred Dauterman）；他的專長是教人節稅，聲譽卓著。聽完湯米的說明之後，他認爲整個計劃不如乍見之下的不切實際。他也認爲湯米是個天才，思考層次卓越，超乎他人。而湯米對本行的知識淵博，也符合達特曼的要求。其次，歌勒爾和貝特勒公司都證明湯米爲人可靠，這又通過了他的第二點要求。加上雅士比和湯米長期接觸之後，對他信心大增，認爲在湯米和八千呎深海之間的唯一障礙只是資金而已。只是對於大額投資者而言，資金代表信用；而信用正是雅士比所能提供的。

其後數週，雅士比和達特曼反覆討論，認定成功機會是十分之一，而投資報酬率卻高達一百倍。但達特曼最後還是不加入。

雅士比只好另找一家大規模律師公司的比爾．亞瑟（Bill Arthur）；此人專辦房地產交易和石油、天然氣探勘投資案件，綽號「資金先生」。亞瑟聽慣了千奇百怪的投資計劃，所以湯米的計劃對他而言並不特出。唯一特殊的是，一向謹慎、從不逾越分際的雅士比居然替湯米說項，所以未見面之前，亞瑟早已對湯米印象深刻了。

雅士比安排他們見面。亞瑟並沒有多問，立刻答應加入。亞瑟的公司正是貝特勒的法律顧問，在他心目中，貝特勒的工作人員是「一群專做一些稀奇古怪事情的瘋子」，湯米正是這種人。亞瑟說：「由那個傢伙主持計劃，又有一百倍利潤的誘惑，只有傻瓜才不敢加入。」

於是亞瑟把籌備公司的事宜交由一位年輕的合夥人克特．羅夫蘭（Curt Loveland）負責，要求他整理出一個能夠吸引投資的架構。克特原本並不熱衷，但和湯米會面之後，態度立刻大變。克特說：「第一次會面之後，我說『天啊！這個傢伙一定做得到的！』等到第二次會面，我就已經毫無疑慮了。」於是克特找來同事比利．凱利（Billy

Kelly）一起幫忙，凱利對湯米的觀感和克特如出一轍。

所有人員投入一次前所未有的工作，絞盡腦汁，想盡辦法吸引投資者。這個吸金計劃不同於其他之處，就在投機性質特別濃厚，一般計劃的設立地點、單位、營業額、獲利預估等等都不適用。他們必須別出心裁，另闢蹊徑。

他們的共識是先募集小額「母款」，用以改善說明計劃的資料和方式，同時可爲湯米爭取時間，詳列各項工作所需經費。不過他們也提醒湯米，務必編足預算，因爲「許多投資計劃，都因資金捉襟見肘而終告失敗。」他們並決定，工作人員不在初期資金中，先行分配利益。他們最後決定分三個階段募足資金：播種階段、搜尋階段和打撈階段。播種階段擬募集二十個單位，每一單位出資一萬美元，占全部股份一〇%；此款專供湯米尋找包商、完成研究、組織人員以及彌補過去的費用。湯米可以藉此向投資者顯示：他不但科技知識卓越過人，還擁有經營一家公司、支用經費的權力。

搜尋階段打算釋出二五%的股份；每一單位兩萬八千美元，準備募足一百四十萬美元。這筆資金將用來繪製搜尋地圖、租用船隻和「西馬克ＩＡ」。麥克已經製造完成「西馬克ＩＡ」。湯米要麥克和他的工作人員利用「西馬克ＩＡ」搜尋大約一千四百平方浬的海域，需時四十到六十天，以確定「中美號」的殘骸及位置。

最後階段就是派出機器人，到海底研究現場情況，起出寶藏。這部份資金將占全部股份的二五%；每一單位七萬兩千美元，總額是三百六十萬美元。

其餘四〇%乾股由湯米和助理共同持有。湯米的報酬如此豐厚，原因有二：首先，投資者都認爲這次投資可能獲得的報酬，較諸其他任何投資都高過太多，放棄些許盈餘，獲利仍然可觀。其次，湯米是成敗的關鍵人物，地位重要，無可替代；不給他足夠的動機，難望他全力以赴。

第一階段的招募資金，在一九八五年三月正式展開。每股一萬美元，也可以五千美元購得半股。籌募過程困難萬分，因爲大家都認爲這種投資必定是「錢沈大海」，有去無回。

這時湯米最大的難題是如何保密。他通過安全調查，得以接觸貝特勒承辦的機密計劃，對於保密素有深刻體認。海洋社團的排他性特高，但社團之內，關係密切，難以保密。早期他刻意尋求單一的投資者，原因在此。

因此湯米的投資說明書，主要說明一些觀念、理論、沈船經過、載運的黃金，以及尋找和打撈的技術說明，用語謹慎，決不透露沈船的正確地點。文件上都蓋有「機密」的戳記。投資者必須簽訂保密同意書之後，才能取得這些文件。

一位投資者違反保密契約，轉而求教於一位海洋界的教父級人物、曾任海軍搜救任務最高指揮官的席爾勒（Bill Searle）。席爾勒協同另一位友人會見湯米，以權威大老的身分，把湯米的計劃批評得體無完膚，諸如湯米過分樂觀，所需的經費和時間一定超過預估好幾倍；沈船地點的海洋情況惡劣，無法進行打撈工作；技術上的困難無法克服等等。湯米則礙於洩密的顧慮，無法暢所欲言。

雖然遭遇了困難和波折，湯米還是在三個月之內找到三十八位股東，籌足了二十萬美元的頭期資金。他通過了股東們的信任投票，終於得到放手一搏、實現理想的機會了。

加州外海
一八五七年九月十二日，星期六，午夜

當天下午六點左右，一隻老鷹從灰濛濛的海面飛來，突然下降，掠過船長安德斯·強森（Anders Johnsen）的肩膀，降落在後甲板。長期以來，海員都迷信在外海遇到鳥類是遭遇危險的預兆，可是強森船長毫不在意。老鷹飛到索具上清理羽毛，然後飛上空中，在強森上方盤旋，又落到甲板上；牠停了一下，然後三度衝向強森，這次是朝他的臉部飛過去。飛近時，老鷹張開翅膀，強森一手抓住牠的頸部。

強森船長從未見過這種怪鳥：羽毛鐵灰色，身長一呎半，翼展三呎，嘴喙八吋，牙

齒呈鋸齒狀，性情凶暴，遇人就啄。後來強森船長命人砍斷牠的頭，丟進海中。

八月十七日，這艘挪威籍的三桅船「艾倫號」（Ellen）從貝利茲港出海，船上裝載桃花心木，準備越過加勒比海到佛羅里達灣，然後利用墨西哥灣流前往英國的費茅茲港。艾倫號在加勒比海遇到颶風，損失了大部分的牽索，前桅折斷，船身進水。這時海浪如排山倒海而來，船頭衝得好高。

星期六黃昏，風勢稍微減弱，強森本想朝正東方向前進，但風向不對，只好朝北北東前進。前進不久，就遭到怪鷹騷擾，所以他又改回原來的航向。事後他的說辭是，怪鷹的出現是個預兆，表示他必須改變航線，所以他才折向正東。如果不是因爲那隻怪鷹，他不會改變航線。

颶風威力減弱，船隻扯滿風帆，借助風力朝東前進二十浬。午夜一時，大家都被突然傳來的奇怪叫聲吵醒。「我們清楚地聽到，好像有幾百個人同時發出痛苦的尖叫。我了解我們正在船難現場附近，立刻叫醒所有人手。一瞬間，船隻周圍都是漂流在水中的人了。天色太暗，看不到他們，但呼救聲不停從四面八方傳來。」

他們立刻拋出繩索，不到幾分鐘就救上四個人，但他們都說不出一句話來。幾分鐘後，又救起了第五個，他大聲叫喚妻子的名字，還要求食物。強森事後回憶：「我問不出到底是哪一艘船遇難，也不知到底出了什麼事。」黑暗中還是不斷傳來呼叫聲，強森下令綁住三個救生圈放到海中，同時在船邊垂下更多的繩子，並點亮燈火，好讓四面八方的遇難者都能看到船隻。接著他們又救起了幾個人，其中一人告訴強森，總共約有四、五百人遇難落水，相信大多數已經死亡，只有少數在海上漂流。

強森再度下令放下一艘救生艇；救生艇一落水，馬上被六個人擠得翻了船，還好六個人都被救起。他們繼續站在舷緣注視，準備救人，但風聲、雨聲、索具聲，再加上獲救者的呻吟，壓過了微弱的呼叫聲。

接著，由於漂流方向和速度的關係，他們又救起了喬治（John George）。在他身邊還有六人攀在木板上，卻不幸都在獲救之前沈入海中。十七歲的亨利．奧康納（Henry O'Connor）疲弱得只能把繩子繞在腰部，再由水手救到船上。和他同時拉住繩子的兩個人，由於禮讓他先上，也不幸沈入海中。哈維大夫和二副詹姆士看到遠處船隻燈光時，已經筋疲力竭，但還是猛力划水。詹姆士還有力氣抓牢繩子，立刻就被救起。哈維大夫快被拉到甲板時，兩手抽筋，接連摔下海中三次，水手不得已，拋下一個梯子。哈維使盡最後一點力氣，掙扎上去，總算在凌晨三點左右獲救。孟勒夫也在一小時後獲救。

強森船長繼續頂風迂迴地搜尋了好幾個鐘頭，並回到「中美號」沈沒的地點搜尋。到了凌晨四點，「艾倫號」一共救起四十四位落水的乘客和水手，其中只有兩位還能站立、談話，並且幫忙救助他人。這兩位就是商船船長湯姆士．貝格和安素．伊士登。

「艾倫號」在殘餘的碎片中來回巡梭，直到破曉時分，又救起三個人。之後又找了幾個小時，毫無所獲。強森船長認為所有能救的生還者都已獲救，應該開往就近的港口了。安素要求他做最後一次的巡梭，並站在欄杆旁大喊羅伯．布朗的名字。結果又救起兩人，其中之一果眞是布朗。

搜救工作繼續到正午，這時沈船的碎片都已消失不見，只有微風和小浪，颶風和慘劇都了無痕跡。後來強森說：「午前，我們離開沈船地點已有一段距離。地點在經度76°13'，緯度31°55'。我在上午八點測量一次，正午又測了一次，也看到了在『中美號』沈沒以前到達的『艾爾多拉多號』，可是我想它大概沒救到什麼人。發現到的人都已救起，我就直航諾福克港了。」

「中美號」上將近六百名乘客和船員，有一百四十九人獲救。「海事號」救了三十四位婦女、二十六個小孩和四十四名男人。「艾倫號」救了四十九個。伊士登夫婦、貝格夫婦、博區夫婦劫後重逢，眞是百感交集。

賀登船長親口答應要將她平安送達紐約的瑪麗．史溫，帶著不足兩歲的幼兒抵達紐約時說：「上岸後眞不知何去何從？我在紐約舉目無親，丈夫又已去世，世上再無親人了。」

十七歲的溫妮弗瑞德・佛倫在母親去世之後，在四月間前往加州投靠父親。四個月後搭乘「中美號」東返。她說：「我除了身上穿的衣服之外，一文不名。」

記者訪問到的一些生還者都說：「除了撿回一條命之外，身上一無長物。」

受難者的悲慘故事，在十二個國家和美國三十一州引起熱烈的討論。船難消息傳抵查爾斯敦不到幾個小時，全美各大報都登出頭條新聞，連內陸的愛荷華州也不例外。接連三天，記者蜂擁到薩凡那、諾福克、紐約，登上參與救難的船隻採訪消息，但仍然無法滿足讀者的好奇。報導動輒超過萬字；六十多位生還者接受訪問，其中不少人受訪超過兩次。從消息傳出直到官方調查失事原因，總共有二一二家報紙登出一千五百篇以上的船難報導。

《紐約時報》說：「這次船難的恐怖情況在海上不是空前絕後，但這是陸上第一次讀到的詳盡報導。」輿論對於「海事號」船長柏特和「艾倫號」船長強森，更是一片讚美之聲。費城一家報紙說：「柏特船長的行為，崇高偉大，無與倫比。他是高貴的海員、勇敢無畏的鬥士，以受了重創的船隻，不顧自身安危，投入危險的拯救行動。」

英勇殉職的賀登船長獲得的是最高的讚譽和敬仰，全美各地都為他哀悼。《紐約時報》形容他「鎮靜、深思熟慮，具有真正勇者的忍耐和勇氣。」《法蘭克畫報》說：「在所有馳騁海洋的勇者中，賀登船長毫無疑問的將永遠被懷念、被敬愛。」英國的

《利物浦郵報》認爲賀登船長展現了最高貴的騎士精神；船上所有的男女老幼都表現了美國人的高貴情操，全美國都應該以他們爲榮。

賀登船長的妹夫，也是現代海洋學之父馬修・莫力爲此上書美國海軍部長，呈獻了對賀登船長的頌詞。他要世人記得賀登堅守崗位、信守誓詞。他這麼寫：「海浪吞噬了這位英雄，崇高的景象也已落幕……關懷他人、渾然忘我，他的生命完美無憾，直到永恆。他的犧牲，增添了海洋史上光榮的一頁。」

最後這句讚辭，刻在二十一呎高的花崗岩紀念碑上。美國海軍於一八六〇年在安那波里斯豎立這個紀念碑，用以紀念賀登船長的英勇行爲。

俄亥俄州哥倫布市
一九八四年秋季

鮑伯家裡牆上掛了一張十二呎見方的大表格，最上面一行列出當年三十三位說辭有助於確定船隻位置的人名。每個名字下方是十五個橫格，每格代表三個時段，每一時段三個鐘頭；從星期二正午開始起算，直到星期天午夜爲止。

設計這張表格，目的是要確定三件事情：某一時刻的船隻座標或距離；風向和強度、海浪高度和方向；船隻狀況。查到某人敘述的資料，他就塡在相關位置之上。

爲了蒐集資料，鮑伯眞是上天入地，所有可能藏有資料的圖書館、公私立機構，無一遺漏。他利用蒐集到的資料，編成一部暴風雨的船難故事；一有新的資料，立刻修正。最後，他只要一閉上眼睛，眼前就會浮現船隻在驚天駭浪中上下顚簸，婦孺在大廳驚慌相擁、男人排列傳遞水桶、船身進水漸漸升高的恐怖景象。他說：「我全副心思都浸淫在資料之中。我們需要一切資料，以確定正確的沈船地點。」當事人的敘述不盡相同，如何取捨，就需智慧和判斷能力了。將三十三個人的敘述排列對照，對於資料取捨的判定大有助益。

座標問題關係最重大，也最需要謹愼敲定。每個座標的來源都先經過濾，再想像當時情況。最令鮑伯困惑的座標，也就是哈利·約翰據以委託「西馬克一號」搜尋「中美號」沈船地點的座標。但是到此爲止，鮑伯仍然認爲這個座標不合情理。經過仔細研究所有文獻，運用推理，他終於把這組座標的來龍去脈找了出來。

原來「艾爾多拉多號」抵達波士頓時，它對「中美號」見死不救的卑鄙行徑引起公憤。該船船長史東對於記者的追問，搪塞幾句之後，就避不見面，交由大副應付。由於衆怒難犯，大副只好交出航海日誌，上面記載了幾個座標，而「中美號」的沈船地點也赫然在目：北緯31°25′，西經77°10′。但是鮑伯覺得數字可疑。

他再詳查「艾爾多拉多」號的航海日誌，發現除了一次例外，所有的座標紀錄都只登記緯度。因為以當時的技術，決定緯度已無困難，但判別經度仍非易事。（譯按：由於判別經度困難萬分，船隻位置難以確定，經常觸礁沈沒。英國國會特於一七一四年通過「經度法案」，提供相當於國王贖金的巨額獎金—兩萬英鎊—徵求判別經度的精確方法。詳情請看本公司出版之《尋找地球刻度的人》一書。）十八世紀，英國巧匠哈里遜製造了精密的航海鐘，本已解決判別經度的難題，但航海鐘造價昂貴，非一般船長所能負擔。十九世紀中葉航行於美國東海岸的船隻，仍然只紀錄緯度。史東船長在下午六點三十分如何確定這組數字？縱使當時已經風平浪靜，他的六分儀能以什麼為目標？鮑伯感到無限困惑。幾經長考，他的結論是：這組數字應該來自賀登船長，因為兩船的最近距離曾經到達可以互相聽見呼叫聲的程度。賀登船長要求史東船長留下，準備救人之時，同時也把船隻位置告訴史東。然而另一個問題接著發生：賀登船長會在下午六點鐘，船隻顛簸起伏不已、五百多條人命面臨死亡威脅的時候，丟下一切，測定船隻位置嗎？如果不然，他是何時測定的？這個問題攸關沈船位置，不容忽略。

接著鮑伯遠赴紐約，從一八五七年九月二十七日《紐約先鋒報》有關蒙森法官的談話中，找到蛛絲馬跡；再與「艾倫號」強森船長的兩次測定獲得西經76°13′、北緯31°55′的數據一配合，他終於確定賀登是在週六上午七點測定船隻位置。這組座標竟然成了「艾爾多拉多號」航海日誌記錄的「中美號」的最後位置。

原來暴風眼在星期六上午短暫籠罩了「中美號」，雲層稍淡，太陽出現在東方海面。嫻熟洋流以及各種最新航海技巧，又具有勇者氣質的賀登船長當然不肯輕易放棄希望，所以利用這次機會，確定船隻位置。他也許希望船隻已被颶風吹到繁忙的航線上、已經離開海岸不遠、或已被墨西哥灣流吹得更北。不幸的是，他的測定結果，船隻居然在離岸兩百浬的外海。這就是蒙森法官說賀登有點沮喪的原因；這也是賀登在那種時刻還在測定船位的原因。

這組出現在保險協會公報之上的座標，分別來自「艾爾多拉多號」的航海日誌、賀登船長通知史東船長的座標、賀登船長在颱風眼當中測得的座標，讓眞相終於大白。原來在十二小時之後，「中美號」漂移到和「艾爾多拉多號」相遇的地方，也就是沈船地點。然後「中美號」的殘骸又漂流到第二天「艾倫號」到達的地點。不同座標的相關環節，至此終於配合得絲絲入扣；看似不合情理的三組座標，終於有了合理解釋。

二次大戰期間，爲了攔截德國潛艇，美國海軍聘請傑出的物理學者、數學家和化學家組成「行動評估小組」，研擬抵制德國潛艇偷襲的方法。該小組在一九四二年提出「搜尋理論」，利用數學原理綜合風向和洋流資料，預測德國潛艇的位置，並加以摧毀。

後來數學家伯納德・庫普曼（Bernard Koopman）研發出有名的「掃描搜尋法」，這個方法直到大戰結束之後很久才解密。

庫普曼死後，搜查分析方面的權威是加州太陽谷華格納學會的勞倫斯・史東（Lawrence Stone）博士。他在一九六七年開始利用電腦，改進庫普曼的理論和方法；他的同事湯尼・理查森（Tony Richardson）把改進後的理論格式化，成爲座標。理查森曾經參與一九六六年在西班牙搜尋核彈的工作；兩年後又和勞倫斯共同參與搜尋「天蠍號」潛艇，圓滿達成任務；接著兩人又爲海岸防衛隊設計尋找海上失蹤人員的系統。其原理和用於搜尋「天蠍號」一樣，只是目標物換成活動的人員，不再是固定的物件。這套系統再經改進之後，專門用於追蹤蘇俄潛艇。過去十年來，史東博士一直都是海軍搜索理論的主要專家。

湯米知道史東博士的研究工作，心想他的方法或許可以用來搜尋海底沈船。他們請教史東博士是否可以應用他的搜尋理論，繪製地圖，標出利用聲納搜尋的地點。在證實了湯米提供的資料精確有用之後，史東告訴他：「進行這些工作的要訣在於，無論資料來源是客觀或主觀，所知的一切和一切不確定的因素，都必須加以量化。」其次就要綜合一切數據，求得目標物可能存在的地點。史東答應從「中美號」的最後位置，加入風勢、洋流等變數，利用電腦算出可能的範圍。

此時，鮑伯又提出「艾倫號」提供的座標，於是史東博士答應利用這個最後位置，推算沈船地點。

會談結束之後，史東唯一擔憂的事情，竟是湯米的經費問題。他說：「湯米需要大量的資金。如果屆時他無力支付我的工作酬勞，就算告他也沒有用。我看他也沒有什麼財產。」湯米如果可以預付第一期的酬勞，史東倒也願意把已知資料轉換成為顯示可能性的地圖。

比利．凱利和克特．羅夫蘭申請公司執照時，依規定必須申報股東姓名。股東之中不乏哥倫布市的知名人物，引起當地《商務第一》周刊的注意，要求湯米接受訪問，但湯米回絕了。於是《商務第一》就在一九八五年六月二十四日刊登「尋寶計劃吸引鉅商」的消息，雖然沒有直接指明是「中美號」，但新聞內容已超出湯米願意公開的程度。

這是湯米第一次和媒體交手。他深怕媒體會把這件事情渲染成爲海盜船和藏寶圖的故事，使他重蹈以前尋寶者的失敗覆轍。他需要專人來跟媒體周旋，應付股東，並和各種專業團體溝通；他想起了老朋友巴力。一九八五年六月，他打電話給巴力，邀請他加入。湯米告訴巴力，他對整個計劃深具信心，但不能保證結果；這份工作薪水不高，但工作期間可能只要半年。當時巴力也正想換換環境，於是欣然接受。

湯米、鮑伯和巴力花了兩週時間，每天工作十二到十六小時，改寫原來的說明書，使它具有提供資料的功能，但不會透露太多內容；清楚明白，但不損格調；強調科技，但不晦澀；充滿信心，但不斬釘截鐵；充滿冒險精神，但不虛誇。總之，整個計劃看來充滿挑戰，不是天方夜譚。

鮑伯說：「我們讓投資人相信，值得先投資少數資金，測試整個計劃的可行性。這個工作才眞正創造了『開始行動』的計劃。」

他們日以繼夜地修訂、再修訂；增加圖表，精簡文字，濃縮成爲簡單易讀的文件。這份文件是他們的宣言，他們的進行步驟，他們的風險分析，還是他們的工作流程；他們稱它爲「藍皮書」。至於公司名稱，對內自稱「回收股份有限公司」；對外則稱「哥倫布──美國發現集團」。

湯米租了一間維多利亞式的三樓磚造房子做爲辦公室，巴力就住在裡面。每週二晚上七點，湯米、巴力和鮑伯在餐廳開會，決定工作方針。他們戲稱這是「圓桌會議」，經常過了午夜還沒結束。會中，三人可以任憑想像馳騁，沒有任何限制，也不必擔憂會引來另外兩人的揶揄或批評。

鮑伯說：「一件事情獲得越多不同領域的人士同意，就越加健全合理。」

正當他們一邊作夢，一邊修訂計劃的時候，費雪總算找到了「阿圖加號」的殘骸。時值一九八五年六月二十日，距離費雪開始搜尋「阿圖加號」已將近二十年，也是他的長子德克淹死的十年後了。這十年間，費雪繼續尋找，總算天可憐見，他的次子在水深五十五呎的地方，發現了沈沒的寶藏。他們撈起三十二團變黑的銀幣，九百個大銀塊，幾條小金棒，還有幾百塊翡翠。這些寶物聚集成堆，外面包著珊瑚，住滿了龍蝦。

十多年來，費雪不停和其他的尋寶客競爭，對抗佛州當局，與國稅局爭辯，眞是疲於奔命。加上股東的不滿，三個年輕人的喪生，考古學者和環保學者的抗爭，股東的控告，終於使費雪鳴金收兵，不再做這種打撈發財的美夢。

本來湯米也可以採取這種做法：找到沈船、撈起寶物、賣掉寶物、大家分紅，然後尋找下一個目標。連一些股東也做過這種建議，但巴力說，這是「夜賊症候群」，是不負責任的做法。

「圓桌會議」繼續開到一九八六年冬天。成千上萬的想法經過討論、修訂、過濾，然後定案。他們預設各種失敗的可能，然後設法預防或預籌應付方法，試圖增加成功的機率。如此一來，執行計劃時，他們只要小心謹慎，把握更多的機會就行了。

現在應該開始募集第二階段——搜尋階段——的一百四十萬美元，租用「西馬克IA」從事搜尋工作了。就在這年夏天，有三件事情使得「中美號」的打撈計劃更加吸引人。首先是費雪發現了「阿圖加號」；其次，深海工作人員撈起印航一八二號班機的座艙通話記錄器。這架波音七四七在天空中爆炸，殘骸墜入六千六百呎深的大西洋中；第三，鮑伯．伯拉德找到了位於深海的「鐵達尼號」殘骸。雅士比說：「湯米不停述說的事情，好像都能實現了。這三件事對於湯米有意爭取的對象，也產生了正面效應。」第一階段的三十八位股東，共有三十二位繼續投資第二階段。第二階段一百四十萬美元的籌募工作，在一九八五年年底完成，約有一百位股東加入。以前湯米他們三人，只是在想像中尋找「中美號」；如今，他們必須付諸行動，把「中美號」從深海中找出來。

湯米預付史東博士一萬美元，請他開始初步的資料分析。湯米郵寄了四種資料給他：鮑伯整理的那張每三小時爲一時段的資料對照表；附有座標的「中美號」最後階段的航線圖；從「中美號」離開哈瓦那的歷史敘述，包括航程中的重大事件；以及從「中美號」失去動力開始，到「艾倫號」放棄搜救爲止的每小時風力、風向分析圖。

史東以前做過不少分析工作，但資料都很粗糙，必須自己剔除不一致、不合理的地方，有時還得先研究好幾個星期，才能進入情況，開始工作。這一次，鮑伯幾乎代他完成了這部分的工作。史東說：「鮑伯好像具有歷史研究的天賦，提供的資料詳盡明確，使我的工作簡單輕鬆許多。他做得眞好，讓我印象深刻。」

爲了了解情節變化，史東先把歷史敘述仔細研讀三遍，拼湊出過程的細節，再配合其他三種資料，並根據「艾倫號」、「中美號」和「海事號」的座標，各繪一張草圖。接著他把所有的資料轉換成數據輸入電腦，求出模式。每種模式都經過一萬次的計算校正。如此求出的可能落點，分布面積還很大，所以史東又把草圖區分成兩平方浬的方格，計算每格所有的可能落點數目。可是這樣求得的結果，還不能令人滿意。史東把三張草圖製成透明圖表，寄給湯米，讓他疊合研究，找出問題所在。照理這三張圖表應該彼此重合，但事實不然，顯示資料尙有欠缺。

加州外海
一八五七年九月十三日，星期天

「中美號」沈沒時，鍋爐工格蘭特（Alexander Grant）在匆忙中跳上一片小筏。小筏上共有十人，緊緊抓住小筏的繩子。海浪滔天，小筏上下衝撞，但他們緊抓不放。

這十人當中，有七個是水手、鍋爐工或運煤工，另外三人是旅客。由於人數太多，小筏無法負荷，只能浮在水面下兩呎處。他們不得已，都以腹部頂著筏緣，手攀繩子，兩腳垂在水中漂流。風浪太大，小筏時而遭受大浪衝擊，沈入水中；時而被海浪上拋，他們都喝了不少海水。他們整晚虔誠禱告，希望那兩艘帆船就在附近，船上水手會聽到呼救聲，前來救援。但是距離太遠，他們聽到的只有同伴的呼號而已。

格蘭特可說是身經百劫；在此之前，他已經遭遇三次嚴重海難。有一次在寒冷的北大西洋紐芬蘭海面漂浮了三天兩夜，手腳都凍僵了，才被其他船隻救起。第三次，他在巴哈馬群島附近遇難，和他一起獲救的是一位名叫喬治・道森（George Dawson）的黑人。這次，道森也是「中美號」的乘客。有了這些遭遇，格蘭特自認是大難不死。

星期天上午破曉時分，他們看到一個人穿著救生衣坐在木板上。等他漂到小筏旁邊，格蘭特發現他原來就是道森。於是道森拉著繩子，和他們一起漂流。

不久，他們看到遠處的三桅船，但距離實在太遠，呼救也無濟於事，只能眼睜睜地看它消失在視線之外。這時他們落水已經十二小時了；海面平靜，雲層消散，太陽高照，大家飢渴難耐。其中有幾位已經到了昏睡邊緣，但旁邊的同伴自顧不暇，無法不停地叫醒他們，或把他們綁在小筏上面。接著有人陷入妄想狀態，出現各種幻覺。

其中四人不支落水之後，道森總算擠上小筏。接著又有四位罹難；到了星期一上午，只剩下格蘭特、道森和另一位同伴。當天下午，他們遇到單獨漂流的另一個人，把他拉上小筏。可是那人不久就陷入迷幻狀態；他說餐廳的服務生答應給他水喝。接著另外一個也陷入同樣的狀態。兩個人都要下去喝水。格蘭特和道森苦勸不聽，他們兩人突然一起下水游開，消失在黑暗之中。

留在小筏上的格蘭特和道森已經五天沒有進食，四天滴水未進。小魚在小筏旁邊游來游去，但速度太快，徒手根本捕捉不到。星期三，突然有一隻幾磅重的魚跳上小筏，道森趕緊抓住魚尾巴，把牠弄死。魚肉粗硬，雖然已經餓了好幾天，仍難以下嚥。他們把魚曬了一天之後，魚肉稍軟，才勉強吃了一點。

星期四他們又救一位單獨浮在木板上的人。這人上了小筏之後，立即陷入狂暴狀態，任憑兩人安慰、勸說，都置若罔聞，很快地掉進水中，沈沒不見了。

「中美號」二管輪約翰．泰斯（John Tice）在沈船前的最後瞬間跳入海中。他回頭看見賀登船長站在最上層甲板，隨著船身沈沒。泰斯抓住一塊木板，腹部趴在木板之上，借助風力划離沈船地點。他用力划向遠處的燈光，兩小時之後，燈光消失不見；過了兩個小時，再度看到燈光，這時距離更近，大概只有半浬，而且船隻正朝他的方向開來。然而，不久先是船身消失，接著連燈光也不見了。他就這樣漂流了六十多個小時，在星期二早上遇到「中美號」一艘空盪盪的救生艇。泰斯掙扎爬上小艇，舀乾積水。

星期四午前，道森看到了三浬外有一艘救生艇。於是格蘭特下水往救生艇的方向游去。泰斯也看到了，立即朝他們划過來。

三個人短暫交換了沈船後的遭遇之後，就因爲嚴重脫水、疲憊不堪而陷入沈默。

又過了兩天，距離沈船已整整一週了。在滴水未沾、粒米未進的情況下，他們的皮膚長瘡，布滿水泡；水泡破裂留下許多潰爛的瘡。這時他們的飢餓感已經消失，嘴唇乾燥破裂，舌頭因爲缺水乾燥而腫脹。星期天接近中午的時候，他們看到東北方有一艘雙桅帆船朝南方前進。他們拚命划槳，但仍舊趕不上雙桅帆船的速度。

當天晚上，道森心想不如死了省事，不用再受折磨。隔天，他們總算遇上了沈船之後的第一次陣雨。他們張開嘴巴，盡量承接雨水，猛吸衣服上的雨水。由於脫水太久，這麼一點甘霖仍是杯水車薪，無濟於事。

他們的四肢痲木，無法動作，只能坐以待斃。就在這時，幾浬之外正有一艘雙桅帆船順風而來，他們疑眞疑幻，唯恐是幻覺所致，但還是充滿希望。帆船漸漸靠近，頂帆迎風招展，船頭對準他們。

格蘭特和道森並排而坐，雙手擱在船槳之上，已經無力划槳。雙桅船上的水手小心翼翼地把他們三人救上船。原來這是「瑪麗號」，水手遠遠看見道森的白襯衫，才發現他們。

該船船長先給他們一杯加糖的紅葡萄酒。喝完之後，他們要求喝水，但船長明智地拒絕了。稍事休息之後，船長才再給他們清淡的麥片粥。吃完粥，他們又要求喝水，船長再度拒絕。船長逐漸增加食物分量，逐漸供應少量的飲水，他們才漸漸恢復體力。

遇救一週之後，「瑪麗號」遇到要開往紐約的「蘿拉號」，於是把他們三人送上「蘿拉號」。十月五日抵達紐約，記者們日夜追逐訪問，報導的內容和他們三人的身體情況，讓讀者驚訝萬分。他們的臉頰凹陷，四肢萎縮，身上長滿蝨子。

「瑪麗號」在星期一下午四點鐘救起他們三人時，他們已經漂流了八天又二十小時。當時「瑪麗號」的位置在西經76°00'，北緯36°40'，顯示他們三人往東北方向幾乎漂流了五百浬之遠。

鮑伯早就知道這個故事，除了景仰他們的求生意志之外，對於這個座標的價值更是認識深刻。鮑伯請教專家，答案是根據漂流路線，他們都在墨西哥灣流的範圍之內。

雖然墨西哥灣流的路線和寬度時時變化，這個答案卻大大縮小沈船的搜索範圍。湯米對這份資料視若珍寶，沒有告訴史東博士。由於史東博士的落點地圖無法重合，湯米才提出這個座標，加計東北方向每小時三節的灣流速度之後，三張地圖果然吻合。這個結果令人興奮，因為它顯示了三份各自獨立的資料，相互之間和諧一致，沒有矛盾衝突的地方。

第3章

蔚藍深海

一九八六年六月，
湯米帶領二十二位工作人員開始進行探勘
「中美號」沈船地點的工作。
一九八八年九月十一日下午兩點過後，
他們在稱為「銀河二號」的地點，
發現了鋪滿海底的黃金。

加州外海兩百浬
一九八六年六月

「松川號」（Pine River）的船首上衝八呎，摔了下來，從船首到尾甲板不停抖動；然後又衝上一次，再摔下來。漆黑的天空，雷電閃閃；時速四十節的強風，吹得海面白浪滔天。船尾衝進水中時，巨浪衝上甲板，高達百呎，劇烈撞擊設有聲納的控制室。工程師在控制室中設法檢查「西馬克號」究竟出了什麼問題。從窗戶外望，只見一面水牆，直往甲板上衝。

聲納技師約翰·烈陶（John Lettow）說：「有時眞像是被壓在十呎的海浪之下。」

「松川號」原是平底的挖泥船，兼做運送探勘油井的裝備之用；它是湯米和退休的海軍軍官唐恩·克拉夫特（Don Craft）在德州找到的。克拉夫特已到望六之年，服務海軍三十年，退休時獲得適任各種船隻船長的執照，熟知利用「西馬克」從事深海搜尋時所需的船隻和裝備。

「松川號」全長一六五呎，比克拉夫特期望的小，但控制室、工作室和儲藏室倒還令人滿意，所以他們決定承租，租期從五月十四日到七月底。他們稍加整修「松川號」，換掉部分舊裝備，裝滿燃油；甲板上新裝絞車和吊杆，以便收放一千兩百磅重的

「西馬克」。萬事俱備，只等麥克・威廉森和聲納技師了。

全員到齊時，船上共有二十二位工作人員，由麥克負責指揮。他和十一位聲納技師在控制室的電子儀器前，每天輪值工作二十四小時。鮑伯留在哥倫布市，蒐集最新的資料；巴力全程記錄和拍攝搜尋過程，協助湯米處理和股東的通訊事務，並負責和岸上連繫，確保供應無缺。

當年春季，湯米黏著史東博士不停地詢問，每一細節都不輕易放過，一再要求重複分析，找出弱點，再加以修正。湯米研究被風吹倒的桅杆、船錨、船帆；要求史東再對風速和洋流做更精確的推估；甚至還研究十九世紀的六分儀和航海鐘的精確性。他要求史東盡量利用電話和各地的專家討論、研究。結果史東果眞獲得不少寶貴的資料。

不僅如此，對於使用的參數，湯米也要求再做更好的評估；他要知道，使用不同的預估值，分布的可能性會有怎樣的改變。

最後，湯米要確定史東使用的三組座標的可靠程度。討論之後，他們推定「艾倫號」提供的座標，可靠性是七二％；「中美號」二三％；「海事號」只有五％。「艾倫號」的座標最可靠，是因爲那組座標是該船船長在颶風過後，風平浪靜的時候測定的，而且船長還將它正式記錄在航海日誌之上。賀登測定的座標，則是隔著暴風雨告訴「艾爾多拉多號」的船長，而且來源又不甚確定。而「海事號」船長柏特利用「死算法」測定的座標，可靠性當然最低。如此整合之後，根據這個推定繪製出來的地圖，讓史東興奮不已。「一切都符合無誤。我們似乎解決了原先不能和諧一致的問題；三張地圖互相重合，雖然還有不確定之處，它們畢竟重合得相當理想。湯米的信心因而大增。」

史東繪出的地圖清晰俐落，每格代表兩平方浬，上下四方都標出經緯度。方格之內標著從〇到七三的數字，代表沈船落在該格的千分比。其中最有可能落點的方格標的是七·三%。

麥克拿到地圖之後，立即和手下研究，繪出搜尋工作圖，設計最有效的方式，從概率最高的方格開始搜尋。但是搜尋初期，不是洋流不對，就是儀器出現瑕疵，再不然就是天候不佳，海浪洶湧。

「松川號」在六月三日午夜頂著強風大浪出發。四日清晨，抵達第一號搜索線的起點附近；此時風高浪急，離岸已有兩百浬。搜尋工作展開兩小時之後，由於儀器失靈，無法確定「西馬克」的位置，他們不得不放棄搜索。如此一來，縱然看到「中美號」的殘骸，也不能確知它的位置。傍晚，天候更趨惡劣，技師們把「西馬克」的內部構造攤在控制室的桌上，逐一測試各個系統，發現是設計出了問題。六月七日修正工作完成，立刻又開始工作。但是魚型拖杆一下水，又出了問題，之後問題層出不窮。時間不停消逝，令人心焦。麥克認為由工程人員解決就好，但湯米不肯袖手旁觀，堅持親自參與。

「西馬克」終於在六月八日下午，重新開始搜尋第一號搜索線。天氣又開始轉壞，浪高六呎，風速二十節。「松川號」難以操控，有時大風一吹，船身竟像螃蟹一樣橫走；傳輸母船和「西馬克」之間訊號的電纜，也被雷電打掉一截。

依照計劃，一號搜索線長達三十浬，涵蓋二五％的可能落點，發現「中美號」的機率是四分之一。然後沿著二號線折回，與原來一號線的二分之一重疊，搜尋寬度一浬半。接著就是三號線。三號線完成之後，搜尋面積大概就涵蓋全部搜尋面積的一半了。

第二次搜尋一號線時，船頭被強風吹得偏離航線，船長為了對準航線，用力轉動船舵；船身因此幾乎側行，船速降低，魚型拖杆掉落。控制絞盤機的工人一看情況不對，唯恐「西馬克」撞到海底，立刻絞緊纜繩。這道力量又使船速降低，船頭更難控制，於是船長更加用力轉動船舵。這時整個魚型拖杆上下翻轉、速度變化不定。湯米時而衝向船橋，時而衝向控制室，要求他們兩人互相溝通、協調。湯米說：「這件事引起了小摩擦，但總得想個辦法，好讓船隻順利工作。」

湯米擔憂「中美號」正好位於一號線的某個格子裡面，而這個方格代表的區域正是

「西馬克」無法發揮作用的地方；他也擔憂工作人員由於暈船和疲倦，疏忽了觀測，而讓目標輕易溜掉。克拉夫特認爲，麥克是世界級的聲納專家，挑選的人員都是一時之選。話雖如此，湯米和麥克的討論，經常出現激烈爭吵的場面。

麥克認爲，一到外海，沒有任何事物——包括人和機器——能夠發揮百分之百的工作能力。「松川號」只是一艘小船，稍有風浪就搖擺晃動；使用的柴油引擎噪音極大，又冒黑煙，在此情況下工作效率當然不盡理想。

伙食也是問題。天候惡劣，工作環境不理想，衆人侷促一隅，氣氛緊張，伙食地位舉足輕重，廚師的重要性無與倫比。但是初期伙食奇差，等到天氣好轉，可以順利工作時，食物已經告罄。廚師無法維持工作人員的士氣，甚至還演出技師罷吃的事件。

西經77°00′和北緯33°00′交界處，海面孤寂淒涼，只有偶爾通過的駁船、偶爾游過的海豚或鯊魚，幾天都看不到別的船隻；甚至連海底都沈悶單調：連續幾浬，除了沈積層之外還是沈積層。

一天下午，烈陶一邊觀看記錄器一邊看書，突然色帶猛掃記錄紙，冒出黑煙。不知來自何處的強烈訊號傳抵記錄器，整個系統負荷過重，薰黑了紙張。烈陶降低調節器，然後拿起聽筒：「船橋，遠處天邊有沒有雷雨？」

「沒有。」

「有沒有船隻通過？」

「沒有。」

「有沒有大魚噴水？」

「沒有。」

「那麼是聲納出了問題。」

五分鐘之後，海面出現兩艘驅逐艦和一艘快速核子潛艇。原來是艦隊收到「松川號」從「西馬克」發出的不明聲納訊號，追蹤而來；由於艦隊過度靠近「松川號」，引起強烈的干擾，銷毀了「西馬克」的搜索記錄。

克拉夫特曾任海軍艦長，知道他們的處理程序，所以立即打電話找海軍基地的指揮官，可是電話層層轉接，指揮官不肯接聽。這時，一艘驅逐艦在距離不到四分之一浬之處和「松川號」並行，驅逐艦的雷達波每傳過來一次，「松川號」控制室的電腦就當機一次。克拉夫特立刻利用衛星電話連繫位於傑克森威爾的海軍基地，向值星官報告。值星官答應處理，但不表樂觀。克拉夫特等不到回音，又再撥了一次，這次值星官不但拒絕他的要求，還懷疑他們是否眞的在搜尋沈船。

克拉夫特迫不得已，搬出相關法令，並且告訴他，「松川號」的日租高達兩萬多美元，搜索目標的價值甚至難以用金錢估計。最後值星官同意轉報上級處理，但勸告克拉夫特不要太樂觀。克拉夫特再度提醒他，西岸才發生過這種事，海軍賠償了二十五萬美元。此外，他還請教基地指揮官的大名，以便將來提出索賠。值星官基於保密理由，不肯透露，但艦隊終於在三小時之後離去。

「松川號」租約還有二十天到期時，「西馬克」已經搜索三十浬的搜索線。他們稱這種搜索爲「割草」：「西馬克」以兩節的速度在水中來回穿梭，每條線路都要重疊，以免遺漏。三十浬的路線搜索過後，必須花上五個小時掉頭，然後再往回走三十浬，搜尋寬度是五百呎。魚型拖杆在海床上方幾百呎，內部的接收器專收聲納的回音，只要遭遇五千公尺之內的堅實物體，聲波就會反彈，引起接收器的反應。

位於後甲板的控制室裡面布滿電子儀器、記錄器和電腦。麥克把每天的拖曳工作分爲兩班：正午到午夜一班，午夜到正午一班。一位技師操控絞盤機，調整魚型拖杆高度；另一位管理航行電腦；一位聲納操作員專門注意記錄器的圖表；還有一位「西馬克」操作員，專門記錄工作環境和位置，並且聽從領班的指揮。領班負責協調所有人手，避免魚型拖杆撞上海床或暗礁。

魚型拖杆在海面下一浬半的地方，寂靜而緩慢地搜查海底，五部記錄器全部開動。

聲納操作員隨時調整、裝紙和換裝色帶。如果海底出現目標，記錄器就在紙上留下黑色記號。監聽人員則馬上記錄接觸時間，再用尺規量算長度。記錄紙緩慢轉動，每四秒鐘劃出一條線段，圖形逐漸出現。

「西馬克」一發現目標，船橋人員馬上就得確定船速、位置、魚型拖杆的高度、信號的強度，還要查出纜線的施放長度。這一切都記入航海日誌，以便需要時，可以再回到原地詳盡搜尋。克拉夫特說：「獲得的資料必須重複查證，才算有用。」

「西馬克」傳回海面的資料，多過記錄器的印量，所以記錄器印出圖表的同時，資料也由電腦列印彩色版本，同時儲存在磁片中，可以隨時存取研究。大概每兩、三天，就會出現一次形狀大小、物質密度接近「中美號」的影像。

麥克認爲這種工作就像駕駛直昇機，以固定的高度在海床上方前進；隨時調整纜線長度，以適應船速的輕微變化，因爲「西馬克」必須維持一定的垂直高度。

麥克一接班，就會仔細判讀前一班記錄的資料。這方面他是頂尖高手，判讀能力無人能出其右。他利用電腦分割影像、改變顏色、量度大小，進行初步篩選。

搜尋範圍完成一半時，實際的工作進度已經涵蓋了八六%的可能落點。這時天氣好轉，微風吹拂，水波不起，正是進行搜尋的大好時機。麥克淘汰了形狀過長、過短、過圓、過方或過硬的影像之後，選出「熱門排行榜」；然後依照湯米提供的「中美號」模型，根據相似程度的高低排出次序。他一眼就看出其中一艘極可能就是「中美號」：它是側輪汽船，船身正中部分的陰影顯示就是側輪。於是他把這份資料標明爲「側輪汽船」，接著建議湯米，暫停其他部分的搜尋，把「西馬克」的高度從五千公尺降到一千公尺，再對這個目標詳細查究。此舉違反麥克當初的堅持，因爲簽約時，他和湯米約法三章，一定要在搜尋工作全部完成之後，才可以對可能目標做進一步的勘查。

但是這個目標太迷人，何況天氣也正適合一千公尺的勘查工作。他向湯米解釋：「正該利用這種天氣進行這樣的工作，如果天氣轉壞，我們再恢復搜尋工作。唯一要做的改變，只是調高「西馬克」的解析度而已。」

然而，湯米另有看法。當初麥克認爲湯米和其他尋寶客一樣，如今自己卻患了「尋寶症候群」。不錯，這個鉛筆形狀、中間還有黑色拱起部分的影像，極可能就是「中美號」，但湯米覺得應該避免迫不及待、一廂情願的想法，以免重蹈失敗的覆轍。

麥克的理由是：既然已經搜索八六%的面積，既然目標顯示是三百呎的船身，又有中間側輪，爲什麼不用高解析度的畫面進一步偵測？爲什麼不直接放下攝影機去拍攝它？何況如果眞是「中美號」，那麼他的任務完成，可以承攬新的工作契約，而湯米明年就可以帶著機器人前來打撈了。

湯米卻考慮，如果目標不對，加上天氣轉壞，勢必無法完成全部的搜尋工作。到了明年，麥克可能忙著到處搜尋黑盒子或炸彈之類的東西，那時該如何是好呢？湯米說他依據契約，付了搜尋全部面積的報酬，所以無論如何，他都希望麥克完成搜尋工作。

麥克和其他人員都不知道「中美號」的聲納影像形狀應該如何，因爲從來沒有人拍過深海海底的木殼沈船。光是談論聲納呈現的影像有多像「中美號」，無異紙上談兵，頗使湯米擔憂。所以他堅持完成全部搜尋，仔細對照、篩選所有資料，才進行高解析度的偵測。

「西馬克」的租約原訂六、七兩個月，總共六十天；可是因爲另有客戶，麥克取得湯米同意，先工作四十天，然後分析所獲資料，等八月六日再重新開始剩下二十天的工作。然而一家大石油公司準備在八月租用「西馬克」，麥克認爲機不可失，也得罪不起大石油公司。湯米和麥克爲此大吵特吵，無法取得共識。

經過估算，湯米認爲先以高解析度影像偵測可能的目標，如果「西馬克」不出毛病，天氣又理想的話，還可以在四十天的剩餘期間內，完成全面的搜尋工作，所以他終於同意讓麥克先進行高解析度的偵測工作。

六月二十四日，技師縮小「西馬克」的搜索面，重新調整記錄器，開始拍攝「熱門排行榜」上目標的高解析度影像，做為研判之用。

平均每個目標使用六到八小時，到了第二天就拍攝了一些近距離的影像，包括「側輪汽船」在內。這時湯米才拿出保密至今的「中美號」精確輪廓圖來比對；有幾個目標的影像相當接近。

麥克利用電腦，把這些高解析度的近照加強分析之後，建議停止其他目標的拍攝工作，立刻派遣攝影機拍攝「側輪汽船」的詳細照片。但湯米堅持先做完排行榜上所有的目標。技師們都支持麥克的看法，然而最後還是屈服於湯米的堅持。

搜尋工作繼續了兩天，沒有斬獲。可是在回頭搜尋的時候，有一個目標的影像周圍好像被海底岩石包圍著，微弱訊號的周邊是一些細細的黑點，跟以前可以看出船殼輪廓的影像大異其趣。

鮑伯早就說過，如果「中美號」沈沒於較近海岸、海水較淺的地方，船身周圍大量的零星物件會影響聲納傳回的訊號。可是第一次搜索時寬度較大，同一目標出現的光點卻無法解釋。

掉轉船頭第三次搜尋時，記錄器出現了「令人震撼」的影像。計算影像的長度，卻只有三十公尺左右，顯然不符；而且訊號太亮，不該發自木殼船身。克拉夫特和湯米都認為上次那個有小黑點的，看起來更像一艘船。然而湯米還是堅持把高度升到五千公尺，先東西向搜尋一遍，再沿著西部邊緣做最後一次搜尋。這總共又花了七個鐘頭。

六月二十八日黃昏，他們再度回到「側輪汽船」的地點，拍攝高解析度的影像，然後縮小範圍，在五百公尺的距離來回拍了三次。距離越近，對焦越準，影像就越像「中美號」。然而，湯米還是不同意立即使用水底照相機。

「西馬克」以更近的距離、更多的角度前後九次攝取「側輪汽船」的影像。根據這些影像，漸漸拼湊出一艘船的輪廓；中間隆起部分，固然可以看成是側輪蓋，但影像上只有兩根桅杆，而「中美號」是三桅船。湯米解釋這是因爲賀登船長命令二副詹姆士砍掉前桅所致。

還有一個問題困擾麥克：無論如何計算，影像的長度都小於「中美號」。船頭部位嚴重壞損，似乎船身曾以高速直接撞擊海床。不過沈船之前，旅客破壞船身，製造小筏一事，勉強可以解釋這個現象。於是技師們建議立刻進行攝影工作，但湯米不肯。他們只好提高「西馬克」的高度，把搜索範圍又擴大到五千公尺。十小時後，他們獲得一個夠大、夠亮的影像，代號是「銀河」。十小時後，天氣轉壞，「松川號」暫停搜尋。

在「銀河」上方來回四次之後，所有排行榜上的目標至少都有一張高解析度影像了。時間只剩下四天，湯米終於決定進行「側輪汽船」的錄影和攝影工作。

水深六百呎之下，光線無法穿透，一片黑暗。「西馬克」就在這種黑暗之中移動，發出聲波，記錄器錄下聲波遭遇物體的回聲，轉換成彎彎曲曲的線段和電腦螢幕上的彩色光點。聲納的影像無法顯示實際的物體。

七月四日，他們再把「西馬克」拖曳在「側輪汽船」上方來回六次，以確定能以照相機和錄影機找到它的位置。七月七日上午五點，他們把燈光、照相機和錄影機裝在滑台之上，垂到九千呎深的海底開始工作。

在這種環境下，要拍出清晰的照片，距離不能超過二十呎。第一次拖曳相機通過目標時，沒有任何發現；第二次拖曳，有短暫時間看到海底。第三次，仍然只能短暫看到海底。他們發現水平的控制良好，但滑台浮浮沈沈，險象環生，隨時有碰撞損壞的可能。這時天氣又變壞，試過第四次沒有收穫之後，他們只好離開，另想辦法。

後來他們把滑台和攝影器材鉤住一片鑄鐵，從船邊垂下，讓風力和洋流推動「松川號」，緩緩通過目標上方。兩個鐘頭之後，他們看到了一樣東西；再過一個鐘頭，又看到一次。幾分鐘以後，看到像是船樑的東西，但一切都不能確定，連正確位置都不知道。他們重裝底片時，發現四百次當中，只有一百次正確曝光，其餘的不是沒有曝光，就是重複曝光。

第二天晚上，監視器的正中央出現錨鏈的影像。烈陶讓照相機和它保持平行，拉高滑台，影像顯示出桅杆部分的牽索和甲板的上層結構；相機繼續移動，又看到了崩陷的甲板，甚至艙中的貨物，接著又出現了另一邊的船身。大家興奮得大吼大叫。可是好景不長，天氣突然變壞，狂風大作，巨浪排空而來，他們只好鳴金收兵。麥克和石油公司的契約期已到，照相機還有問題，燈光也不行，「松川號」不夠理想。總之一切都是問題，前途荊棘重重。克拉夫特說：「我們欠缺的是水下遙控載具，而目前的水下遙控載具都無法潛得那麼深。」湯米的下一個挑戰就是製造能夠下潛八千呎深的水下遙控載具。明年夏天，他需要能夠維持穩定的船隻和攝影平台，還需要精確的航行儀器。

工作結束之前，湯米要技師們無記名投票，結果九〇%認爲「側輪汽船」就是「中美號」。七月九日上午九點，「松川號」離開工作地點，航向海岸。

俄亥俄州哥倫布市
一九八六年秋天

一九八六年夏天，正當湯米悄悄搜尋「中美號」時，美國群衆對於海底寶藏的認識和激情，也達到空前高峰。德州海洋考古機構的喬治・巴斯（George Bass），在土耳其外海一艘三千四百年前沈沒的木船殘骸中，起出大量古物。費雪也從「阿圖加號」取出更多的銀幣、三千兩百顆翡翠和金器。巴利・克利佛（Barry Clifford）在鱈魚岬外不到四分之一浬處的外海，找到海盜船「外達號」的寶藏。

同年夏天，麥可．黑齊爾（Michael Hatcher）在南中國海尋獲十五萬件瓷器，公開拍賣。在荷蘭阿姆斯特丹舉行的拍賣前預展，五天之間吸引了來自全世界、兩萬名以上的參觀者。正式拍賣時，全部物件被搶購一空，有的售價高過預估十倍以上。

但激起公衆最大狂熱的卻是鮑伯．巴拉德（Bob Ballard）發現「鐵達尼號」。巴拉德跟工作伙伴潛入一萬兩千五百呎的深海中六十小時，拍攝了幾千張「鐵達尼號」的照片；沈潛了半個世紀的記憶又被喚醒，大家以爲永沈海底的「鐵達尼」，又鮮明活躍地再生了。

那年秋末，湯米完成了「西馬克」攝取的聲納圖的評估工作，並且確定了優先目標。他向史東博士致謝時，順便告訴他，第二次搜尋時，就偵測到「中美號」，讓史東得意萬分。

接著就是籌募第三期三百六十萬美元的工作了。十一月底，湯米發出通知，要求所有股東在十二月十三日到哥倫布市開會。他保證「說明會將以彩色聲納圖片，顯示標的物沈沒一百二十九年後的現狀」，吊足了股東的胃口。

會中，他出示高解析度的影像，附以聲納專家的解讀，獲得股東的信服。不到一個月，總數五十股、每股七萬兩千美元的股份，賣出四一．五股。股東們信心十足，充滿期待。湯米一如往昔，要他們冷靜，更要求他們保密。他在信中追述過去保密策略的成效，指出保密使他能夠從容考慮，消除外來的競爭，同時避免不必要的曝光。

湯米指派泰德．伯勞克特（Ted Brockett）到各個海洋團體打聽出租或出售新一代的深海回收系統。泰德眞是從事這項工作的最佳人選。之前，他曾協助設計深海採礦器具，在兩萬呎深海挖掘了兩千噸的錳礦，效能良好。他爲鮑伯．巴拉德設計了攝影機滑台，使鮑伯成功拍攝了「鐵達尼號」的照片。麥克的「西馬克ＩＡ」的滑台也是出自他手。但是盛名之累，使他不得不謹愼從事，因爲消息一走漏，後果將不堪設想。

深海的工作環境危險惡劣，成本昂貴，除非必要，沒有人會貿然從事。而且所需的裝備種類稀少，用途特定，一語不愼，旁人立刻可以猜出你的企圖、工作種類和地點。這一切都和深度有關。訂購的電子儀器耐水深度若干，就是一大線索；深海載具的纜繩，也照樣可以透露玄機。纜繩太貴，如果工作深度是四千呎，就非五千呎不行；太短不夠用，太長又負擔不起。此外，裝物器具、燈光、電壓等等，都難逃行家法眼。

湯米和泰德採取分散焦點的「模糊策略」：工程師只解決單樣問題，外人無法拼湊出整個計劃。泰德找遍了佛羅里達州、南加州，一直到加拿大溫哥華的五大深海工程公司，詢問他們是否能夠依據湯米的構想，製造能在一萬呎海底工作的系統。

泰德在海洋團體尋尋覓覓之時，湯米也開始實驗他的深海載具設計。他找來約翰·穆爾（John Moore）幫忙。穆爾操控深水載具的技術，是公認的第一把交椅。他身高六呎二吋，頭髮垂到肩後，滿臉鬍鬚，外表像個警長，脾氣暴躁。大學沒有畢業，就到海岸防衛隊服務了兩年，然後在一家深海潛水公司服務十年。其間他學到深海遙控載具的一切技術。有一次，穆爾遙控幾千呎深的機器人，把細小的物件以極爲困難的角度通過一個小洞，讓克拉夫特印象深刻。他的知識和技術，在海洋界傳爲佳話，津津樂道。

累積了十年的設計和安裝深海遙控載具經驗，穆爾辭去現職，擔任顧問。湯米找上他的原因是：「我找的是一個怪傑，因爲我要做的是不可能的事。」

當年十二月，兩人簽約，湯米正式僱用穆爾。穆爾認爲費用最大的部分是纜線、推進設備和外殼。深海載具利用電池推動，配以成本較低的多軸纜線，費用最低。至於昂貴的外殼，可用球狀玻璃代替。利用載具本身攜帶的電池供應電力，可以省去從母船輸送電力的纜線，大幅降低成本。沒有人做過這種設計，但湯米喜歡這個構想。

六○年代末期，海軍製造載人的海底實驗室時，其中的工作室是由唐·海克曼設計的，可以抵抗高壓和腐蝕；再配合其他工具，海克曼在海底就跟在陸上一樣無所不能。

海克曼當初擔任貝特勒的口試官，竭力推薦費凌克僱用湯米。他和湯米共事多年，頗有惺惺相惜之感。後來湯米請了長假，直到一九八六年秋天，湯米才又找上他，向他展示了一些聲納影像，告知有關「中美號」的資料。

湯米又憑其三寸不爛之舌，說服費凌克允許海克曼加入他的計劃：「貝特勒此舉，不費分文就可以使工程師獲得實際經驗，對於機構本身大有俾益，將來的顧客也將獲益不少。」後來湯米乾脆連費凌克的部門一起僱用，契約書長度超過一呎。海克曼最初猶豫不決，但是湯米帶來了契約書和酬勞，要求設計深海的切割工具，以便打穿甲板進入船內工作。海克曼說：「一旦收了酬勞，我就鄭重其事，全力以赴。」

第一個、也是最重要的問題就是深度。深度牽涉壓力和壓力下的操控問題。海克曼說：「首先，我必須知道正確的深度。其次，離岸多遠？海況如何？海浪洶湧還是風平浪靜？再其次，目標的材質是什麼？最後，帶回海面的物件面積多大？」

依海克曼的看法，在深海工作比在太空還困難重重。一九六三年，「長尾鮫號」沈沒，就是因爲水管破裂，損壞電子儀器，以致無法關閉汽門，潛艇急速下沈，直撞兩千呎深的海底；壓力壓碎兩吋厚的鋼質船身，就像成人壓碎啤酒罐那麼輕鬆。如果要工作順利進行，壓力再大，工具接頭都必須能夠正常彎曲，葉輪必須能夠正常運轉，水流必須順暢。

海克曼開始繪製草圖，設計所需工具。湯米需要這些工具，以便從大西洋八千到九千呎海底的橡木船樑、杉木甲板的「中美號」中挖出寶藏。湯米還需要一個載具把這些工具運到海底。

隔年一月，穆爾正在貝林漢搜購深海載具的材料，海克曼也在哥倫布市忙著設計製造工具。這時湯米聽到小道消息，有人正準備搜尋「中美號」。

經過三個月的探詢，泰德拿到五張深海載具製造公司的報價單，湯米逐一審慎考慮。五家都毫無新意，有的甚至只是把湯米所謂的「玩具」拼湊起來而已。

湯米對於藍圖既不滿意，又恐機密外洩，終於決定自己建造。他對工作人員宣稱：「我們必須在七月一日開始工作。」泰德簡直無法置信：「現在已快三月了。沒有人能夠從零開始，在短短幾個月就造好深海載具。連訂購纜線就不只六個月。」

水下載具經過幾十年的研究改進，潛水深度大有增進，但功能增加有限。尤其一直沿用以纜線和母船連接的方式，更被湯米視爲是死胡同。母船震盪搖晃的影響，已大致克服，其他的問題依舊存在。載具本身沒有動力，所以欠缺實際的工作能力。經過多年思考，湯米自認這些難題都能克服，但是跟個別的工程師討論時，他都只提部分問題，決不全盤托出，連海克曼和穆爾都只幫他解決單獨的問題。

設計水下遙控載具工作系統的首要規則是：如果可能，一切工作盡量在海面上處理，再以複合多軸電纜傳遞指令。這種纜線成本昂貴，主線每呎成本二十五美元，輔助纜線每呎五美元；光是纜線成本，就非百萬莫辦。何況如此一來，絞車和起重機都得加大，拖吊支撐點也得加強；母船也必須夠大，人員必須增加，控制系統也就更加複雜。

湯米認爲這一切都必須簡化。他改革的第一步，就是把一切工作移到水下載具去執行，只用一條細小的纜線和母船聯繫。纜線最容易受損，所以必須造價便宜、容易更換；曝露最多的部分使用簡單、便宜的纜線，昂貴複雜的裝備只裝在纜線兩端。

湯米的本意是在深水載具裝置電池箱，供應電力，但這種方法無法供應足夠電力。後來決定，以直徑四分之三吋的電纜，每隔一秒傳遞不同頻率的信號，逐一開啓或關閉電瓶組，終於解決了這個問題。而且機緣湊巧，他們找到的電纜是旁人訂購但無力付款的存貨，只以定價的兩折購得。一萬三千呎的電纜，總共才支付了一萬三千美元。

從年底到翌年春天，湯米和海克曼經常會面。湯米提出兩個原則：第一，海克曼設計的一切，都必須能夠裝置在可能租到的船隻上；第二，材料不可重新設計訂做，必須使用市面販售的現貨。

湯米提供了「中美號」的設計藍圖，但船隻的現況、沈沒的角度、沈積物的情況，都無法確定。有的生物專家認為，船身必定已遭海底生物破壞；有的則認為沈船地點太深，海底生物無法生存，兩百八十呎長、五十呎寬、四十呎高的船身應該無甚變化，因此必須從大廳經過通道，才能到達存放黃金的船艙。海克曼設計了細小的遙控載具，準備進入船艙，從事遙控的偵測。然後就是清除障礙，切割甲板，逐步進入船內。兩百噸的燃煤也要先行清除。

一九八七年三月號《Life》雜誌的封面照片是金鍊纏繞的雙手，手掌上鋪滿了金幣、銀幣，還有拇指指甲大小的翡翠；那是費雪的雙手和尋自「阿圖加號」的寶藏。封面的說明是：「尋找遺失的寶藏：美洲八大神祕寶藏」。另有一頁半的內文詳盡介紹費雪的工作和日常生活情形。文中一段提到「中美號」，並附有李．史賓斯的照片，說他過去十五年來都在研究「中美號」，而且相信他已找到沈沒地點，希望能夠領先其他競爭者，在兩年之內獲得寶物。文章登出之後，不少讀者查詢史賓斯的住址和電話號碼，準備投資。接著史賓斯飛往紐約，接受電視訪問，一時聲名大噪。

這時，湯米的股東大為緊張。湯米迫不得已，於三月七日致函股東，說明他不只密切注意史賓斯多月，連其他尚未公開的競爭對手也沒有忽略。其實，湯米在一月間獲悉另有競爭者之後，就未雨綢繆，擬定了應變的緊急計劃。如有需要，他將在天候許可之時，立刻趕赴現場，開始工作。但是載具的設計必須簡化，工作能力必須降低，事先也無法進行測試，而且預估必須增加一百萬美元的成本。湯米召開股東會議，討論此事。他們多數股東認爲增資一百萬美元，就如同買保險一樣，可以預防所有投資付諸東流。他們最後決議，先以一百萬美元設法取得船隻部分殘骸，據以向法院申請打撈權，確保權益。這是消除風險最經濟的方法。湯米獲得股東的支持，手中擁有了緊急應變的權限。

泰德的經驗和湯米的理念，成爲海克曼設計載具的指導原則：簡單、耐用，還要有彈性。在不同情況之下，載具可能是由別的機器拖動的照相機滑台，拍攝照片；情況一變，它可能必須在海底殘骸堆中蒐集瓷器、硬幣，甚至幾千磅重的船錨，或是利用繩子綁牢它們，拉上海面。有時它又可能必須細長得能夠穿越船上過道，搜尋金銀珠寶。最後完成的設計，就像孩童的組合玩具，可以隨意變動形狀和功能。海克曼說：「它的形狀難看死了，可是功能變化多端。今天它可以裝著推進器，明天可以取下推進器；有時又長又細，有時又短又粗。」

湯米在三月二十日打電話給泰德，說又聽到了謠言。謠言來自三個不同的線索，湯米無法查證，但有明確證據指出，對方已在訂購所需的工具和設備。湯米不得已，決定進行緊急應變計劃。

湯米擔憂的不是對手能在夏季打撈到「中美號」，但是如果他們在八月之前就開始搜尋工作，將會引發兩個問題。第一，如果對手也大約猜出「中美號」沈船地點，法律問題將會非常棘手，說不定還得跟他們分享撈獲的寶物。其次，如果對手只是純粹的尋寶客，一定會透過媒體大事渲染已經尋獲「中美號」，以利公開募資。如此一來，必定影響到湯米的股東。

湯米原先計劃在七月底出海，利用八、九兩月仔細拍照，確定地點，順便撈起部分黃金。現在計劃改變，必須在六月一日出海。海克曼設計的「緊急載具」，目的不在探勘船身、不在取回黃金，只要取得「中美號」殘骸上面的任何物件，做爲呈庭證物，取得打撈權。但這段期間，泰德和穆爾馬不停蹄到處打聽、詢問的結果，自造這種簡單的深海載具，起碼需時兩年。

克拉夫特幾經打聽，終於在四月找到一艘挖泥船「航海家尼可號」。它是一個龐然大物，足足比「松川號」長了六十呎。克拉夫特在甲板上加裝控制室、實驗室、通訊室、儲藏室、修理室，以及臥室。

固定船隻位置的新式電腦系統，報價從七十五萬美元到兩百五十萬美元。最後從挪威訂製了DP系統，不到一個月就安裝完成，造價才十三萬美元。

這段期間，一邊進行船隻的加裝、改造和測試工作，一邊徵召各類專家。大家瘋狂工作，不眠不休。

法律問題也相當棘手。如果申請打撈權，就必須公開「中美號」的座標；不申請，又怕競爭者找到殘骸，搶先提出申請。而且沈船位置遠在離岸兩百浬的外海，超越了三浬的領海範圍，如果提出申請，裁定結果如何，也是個未知數。

凱利和羅夫蘭兩位律師研商結果，建議向維吉尼亞州東區諾福克地方法院提出申請。除了考慮該院過去裁定的案例對他們比較有利之外，還有一個歷史淵源：當初「中美號」的生還者，大都在諾福克上岸。因爲案子——對於外海兩百浬的沈船司法管轄權的認定——史無前例，尋覓稱職的律師困難之至。查詢打聽之後，終於決定委請瑞奇．羅伯（Rich Robol）律師提出申請。

瑞奇證實維州東區法院過去的判例，對於他們的申請案確實有利，但是湯米想用聲納圖片代替沈船實物做爲證據一事，瑞奇認爲決不可能被法院接受。他告訴湯米：「如果希望法院同意，取得打撈權，取自船上的物件決不可少。」申請時，他們準備了兩組座標；可以公開的一組是北緯31°52'，西經76°21'；另外一組則密封交給法官。

五月二十六日，他們正式向維州東區地方法院提出申請。同一天晚上，「航海家尼可號」也開始作業。

「航海家尼可號」一九八七年初夏

當初租用「航海家尼可號」時，船東堅持必須留用原來船長；湯米答應了，但卻指派比爾．柏林漢（Bill Burlingham）負責船隻。柏林漢才三十三歲，卻已當了十二年的船長；他喜歡閱讀，知識豐富，與部下同甘共苦，深得愛戴。湯米喜歡他，尤其喜歡他意志堅強，心胸開闊。「航海家號」在茫茫夜色中，以十節的速度前進。涼風習習，吹來陣陣的海水鹹味。船上燈火通明，大家忙著裝設必須的機械和裝備，擴音機播放著音樂，浪花的嘶聲好像是伴奏。

第二天清晨，「航海家號」進入墨西哥灣流的藍色海域，天氣清朗，微風徐徐。到了夜晚，船隻朝著一百二十浬外的測試地點鼓浪前進。次日接近正午時，測試舉重機的伸展臂伸出過長，無法停止；絞車費了六個小時才捲起三千呎的纜線，比預計的時間多花了五個半小時。當晚八點，船隻只好折回港口。

五月三十一日下午，船隻二度開航，目的地仍然是同一測試地點。這次舉重機和絞車運作正常，但纜線的重量壓壞了鋼質捲鼓，使纜線打結。絞車故障，無法控制纜線，一切工作停擺。船隻二度返航。更換鋼質捲鼓費用龐大，而且需時三至四個月。海克曼想出妙招，他用兩個半圓形的鋼製汽缸包在捲鼓的外面，然後焊接起來。只花了六月三日晚上和第二天的時間，就完成了修復工作。

這時，唯恐旁人利用「航海家號」進塢檢修的時間，進入他們的搜尋範圍，湯米租了一架飛機，飛到沈船上空偵查。天黑之後飛機返回，沒有發現任何異象。

六月五日下午三點半，「航海家號」三度出航，朝向第二個測試地點前進。自從十天前第一次開航起，湯米就一直翹首盼望，希望收到柏林漢的電話。他希望柏林漢會告訴他，船隻正以一到二節的速度搜尋，而不是以十到十五節的速度朝目的地前進。

甲板上堆滿了各種器材和零件。穆爾和泰德起了個大早，在後甲板忙碌裝配。

爲了就近監視「側輪汽船」的位置，也因爲聲納搜尋範圍仍然涵蓋了「側輪汽船」，湯米命令「航海家號」開到第二測試點。如此一來，他們可以一邊裝配、測試，一邊就近監視。一旦有人侵入，可以即時前往保護。

六月六日到十日，船隻開往第三測試點，測試船隻定位儀器、航海儀器和照相滑台。重複七次的測試，絞車和舉重機一切正常。終於，他們移往幾浬外的「側輪汽船」位置，進行搜索。

六月十二日下午，「航海家號」從第一搜索線放下載具，開動電腦定位系統，開始搜尋。柏林漢依據史格特的指令，調整電腦定位系統，讓船隻以每小時半節的速度，緩緩定速前進。滑台在九千呎深的海底悄悄滑行，聲納則在它的前方一百呎處，掃描海底情況。一個半鐘頭之後，到達搜索線尾端，沒有任何發現。船隻掉頭，調整搜尋範圍之後，再沿第二號搜索線前進。再過一個鐘頭，仍然一無所獲。第三次的仔細搜尋，一樣沒有收穫。傍晚時，穆爾把滑台拉高幾百呎，在同一區域交叉搜尋，電腦螢幕上照樣沒有目標的影像。他們只好擴大搜尋寬度。

近午夜時分，通訊室中的湯米和巴力接到史格特的報告，「聲納發現了東西。傳上來的影像和『中美號』非常相像。」大家興奮萬分，七嘴八舌，越說越像，幾乎所有的細節都能吻合。海克曼甚至還說：「毫無疑問，這就是『中美號』。下次掃描，一定可以看到船桅。」但湯米仍有懷疑，他認爲桅杆豎得太直。

時間已過午夜，一切工作只好等待明天。十三日凌晨兩點四十五分，載具收上甲板，電瓶開始充電。一百三十年來，「中美號」都沒有移動，一個晚上也不至於跑掉。

這時，他們租用的補給船送來一些載具的零件和兩位工作人員，同時接走海克曼。人手獲得補充，湯米立即要求施放載具，以便照相機開始拍攝照片。但舉重機故障，直到傍晚才修復。這時天氣轉壞，克拉夫特不肯施放載具，但湯米認爲，這正是學習在惡劣天候進行工作的好機會。克拉夫特說：「湯米眞是又愚蠢又頑固。我當面告訴過他好幾次，天氣不好，就該把載具放在甲板上，不要放到海底。」四十年的海上工作經驗，他一向尊重天氣。他知道逆天而爲，就必須付出代價。

經過激烈爭論之後，克拉夫特終於在八點稍過時，放下載具。然而，天氣逐漸轉壞，氣象預報也指出還會更壞，所以不到兩個小時，湯米就要求收起載具。收回載具費時兩小時，工作完成時，浪高十呎，風速三十節。

接連三天的天氣都不適合載具的海底作業；大家利用機會加強載具的各種裝置，增加了可以同時操作電腦和錄影機的功能。如此一來，他們可以先在電腦螢幕看到目標，然後接近到可以使用錄影機觀察的距離。

六月十七日午前，天氣情況已經適合工作。克拉夫特把載具安全垂到海底時，正好單引擎海上飛機「海蜂號」飛來，空投第一次的補給。補給船來工地一趟需要二十小時，飛機只要兩個鐘頭，所以飛機成了船上工作人員跟外界的「聯絡實體」。

穆爾打開載具的工作系統時，兩小時前測試還很正常的聲納竟然故障，只剩下錄影機能夠正常操作。在八千呎的海底、能見度只有二十呎的環境中，利用錄影機搜尋物件，只能算是聊勝於無；但是吊起修理後再放到海底，過分浪費時間，所以從下午兩點直到當晚十點，他們只好利用錄影機在海底來回尋找。結果除了去年照到的沈積層上的痕跡以外，沒有新的發現。

接著兩天，聲納仍然沒有修復。他們用錄影機來回搜尋九趟，毫無所獲。明知「側輪汽船」就在載具下方幾公尺處，但就是收不到信號，工作人員難免有點洩氣。唯一令人興奮的事情，就在這時發生。湯米認為工作人員陷入低潮，需要親友信件的慰藉，他要求「海蜂號」在「航海家號」旁邊海面降落，把信件、補給品直接送達，避免上次空投時包裝破裂的事情再度發生。「海蜂號」不能在水上降落，但駕駛員答應一試。降落時，「海蜂號」的擋風玻璃整個碎裂，但駕駛員還是平安飛回陸地。

六月二十一日中午剛過不久，攝影滑台以四分之一節的速度前進，只有錄影機的訊號傳回。一點十五分，柏林漢通知控制室，補給船「海上探險家號」已經到達船邊待命。他和克拉夫特準備把補給品和材料、零件搬上「航海家號」。史格特要求等到搜索線尾端時，再並排停船，卸裝貨物。就在這時，螢光幕上沈積層的白光突然轉成不同層次的灰色，輪廓和線條都很明顯；然後整個船隻殘骸明顯地呈現在他們眼前。

穆爾大叫，要史格特通知船橋，並減低載具速度。史格特立刻以電話要求柏林漢降低船速。但柏林漢這時不在船橋，正在處理和「海上探險家」並排停泊的防撞措施。

控制室裡，技師眼看著影像上的船尾從螢幕上消失。史格特正在設法錄下更多的音響訊號，需要二十秒鐘的絕對安靜時間，但推進器的聲響干擾很大，收錄不到聲響訊號。一分鐘之後，突然一陣碰撞，控制室搖晃一下，螢幕上的影像全部消失，剩下一片白光。

泰德說：「我還清楚記得當時的緊張、尖叫和呼喊。到底是怎麼回事？」原來兩艘船並排連接，互相碰撞。穆爾把載具升高幾百呎，史格特努力計算船隻位置，其餘的人幫忙搬運補給。史格特一向冷靜沈著，但這次卻緊張無比。穆爾、泰德和鮑伯每隔一個鐘頭左右，就會詢問計算結果，每次都得到否定的答覆。穆爾氣得不肯再問，泰德的口氣也逐漸嚴厲，只有鮑伯還沈得住氣，維持風度。原來電腦軟體出了毛病，史格特最初還不敢確定，後來逼急了，只好說了出來。

補給船離開了，載具還在海底繼續搜尋；大家都在等待史格特的計算結果。黃昏過去，夜晚降臨，史格特還是算不出結果。他們終於在午夜放棄希望，收起載具。

第二天早上，史格特放棄電腦軟體的資料，利用其他可能的一切資料，自己計算。正午時，他認爲已有答案，可以再試，又放下載具。

他們在可能的地點，從不同方向來回搜尋，每次前進幾公尺就再折回。傍晚時，錄影機總算找到了船尾部分，影像整整出現了五分鐘才再消失。這次史格特已經能夠確定正確地點，他告訴柏林漢朝西北方向前進。

船隻朝西北前進，滑台維持每分鐘幾公尺的速度，錄影機繼續拍攝海底影像。一個鐘頭以後，船尾再度出現，這次史格特採取的是垂直的角度。他們把船停住，穆爾把攝影滑台導入船尾右舷，沿著船身緩緩前進，十五分鐘以後，到達船頭。

船身內部光線不夠，只能看清一些細小部分。隨著錄影機緩慢前進，先是出現一些船身的肋骨纏繞的纜繩，接著是船殼外面有兩個瓶子，更遠處還有錨鏈延伸到看不見的地方。接著又是肋骨和纜繩，以及疑似部分船殼曾經遭到燃燒的痕跡。

側輪輪輻消失無蹤，現場也過分乾淨清爽。爲什麼照相滑台能夠從船尾直到船頭，暢行無阻？甲板呢？上層結構呢？通道呢？艙房呢？是不是專家們都錯了？是不是船殼以外的部分都腐蝕了呢？

錄影機再回到船身中間部分，他們希望能夠看到側輪，或是側輪蓋、船軸、鐵製的引擎，但是傳上來的影像，仍然只是一些肋骨和纜繩，還有一些木板。側輪呢？鍋爐呢？桅杆呢？燃煤呢？爲什麼裡裡外外都看不到燃煤？「中美號」沈沒時，還有兩百多噸燃煤，而煤炭是不會被腐蝕消失的啊！可是他們什麼都看不到，只有一艘老木船空空洞洞的船殼而已。別的不說，一艘像「中美號」這麼大的輪船，光是螺栓、洋釘、托架等固定引擎的繫結物，重量就不只一百噸。縱然引擎和鍋爐因故消失了，周圍也該留有大量破碎的殘餘物才對。可是除了艙底的纜繩，一無所有。湯米說：「一艘客輪的東西很多：杯盤、餐具、個人財物等等，應該無所不有，可是這艘船好像是裝運棉花，而棉花又被海蟲吃光了的樣子。」

這是人類第一次實際拿深海底部木船的聲納影像和實物對比，原本令所有人員興奮莫名的東西並不存在。聲納影像中間的拱起部位，看來明明很像船隻的側輪。會不會是船殼腐蝕成爲月亮的形狀，才出現這樣的影像？聲納影像上面的兩條直線，看來像是桅杆，會不會是錨鏈向外延伸造成的？

希望和激情愚弄了他們數個月之久；惡劣天候的考驗，不眠不休的工作，聲納影像帶來的信心，突然之間都化爲烏有。億萬的寶藏還在大西洋海底某處的沈船殘骸中，而海洋卻沒有提供任何線索。在搜尋地圖必須重新考慮、敵手又虎視眈眈的情況之下，他們已經沒有時間可以浪費在這個地點。因此，湯米立刻停止錄影工作。他打算利用這個地點做爲日後建立資料、測試裝備的地方。

以聲納搜尋海底木殼船是史無前例的嘗試，麥克雖是箇中高手，也可能誤判。但是縱然如此，他們已經搜尋了九四％的可能地點，「中美號」在他們的資料庫中的機率，也應該高達九四％。湯米指派鮑伯和多寧重新檢查主要目標的磁碟片，將黑白的影像資料和「側輪汽船」以及現場所得的影像進行對比，再分析彩色影像資料，最後選定了

「銀河」。當初拍攝到「銀河」時，麥克判定它是「鐵殼船，外加一些破碎殘骸」，還拍攝了一些高解析度的影像圖片。這是一九八六年拍攝的最後一個殘骸地點。

鮑伯和多寧仔細檢視這些影像時，發現其中一張有一個骷髏幾乎占據了整個畫面。多寧說：「遠看之下，它像一個骷髏，但仔細一看，卻很像一位女人坐在鏡前梳理頭髮。」

另一張影像的中心部分有一團堆積物，可能就是船殼；另外還有第二圈、第三圈堆積物，看起來像是船身一直翻滾、扭轉，一邊噴出裝載的物件，一邊往下沈，所以周圍才有這兩圈破碎物件。

「側輪汽船」的經驗，加強了他們判讀聲納影像的能力。現在他們立刻看出，「銀河」的中間部分是許多堅硬的東西，周圍碎物區成千的亮點似乎是散布的煤堆。

多寧和鮑伯越詳細研究，就越覺得這才是「中美號」。湯米也喜歡這個地點，因為它截然不同於其他地點。它夠大、夠長，還有許多破碎的小東西，這都是其他地點欠缺的。他們的結論是，它是沈船地點的可能性超過五〇%。

研究影像的期間，技師們繼續調整和測試所有的儀器；「探險家號」也兩度載來補給，還為「航海家號」加滿燃油。天氣良好，海浪低於一呎。

六月二十五日，湯米決定先調修載具的攝影和撈取功能，再從事海底作業；並且先以「側輪汽船」做為練習地點，增進對深海和木殼船的認識。然後他們要到「銀河」，研究該地情形，選擇一樣物件呈給法院，申請打撈權，最後才開始打撈工作。

其後五天，最後的準備工作如火如荼地進行。由於天氣良好，風平浪靜，一切都進行得非常順利。照相滑台拆解重組；電纜和纜線也重新調整，以適應新的需要；水下載具也加大、加重，設備和功能更加複雜。就在這個繁星閃爍的夜晚——六月三十日午夜之前——他們發現天邊有一條船，沿著東北方向緩慢前進。

三個鐘頭以前，雷達就偵測到這艘船，它的時速只有一到兩節。柏林漢說：「在那種地方，船速兩節根本就不合道理。」一般的貨輪或油輪行進的速度大概都在十到十五節之間，而且不是直朝某一港口前進，就在橫越大西洋的航道上。這艘船的航向似乎不屬於上述兩者，沒有任何目的地。那艘船隻的燈光漸漸從海平面升起。克拉夫特用望遠鏡，看到它懸掛了RAM燈號，表示船後拖帶著東西，但兩舷和船尾又未依規定懸掛必須的燈號。依此推論，它所拖的應該是深海的偵測聲納。

湯米當機立斷：避開對方雷達的偵測範圍，電話通知律師瑞奇·羅伯，繼續研究聲納影像，加速組裝深海載具，並且進行測試，遠離「銀河」，直到載具可以下水為止。

敵明我暗，只要避開雷達，對方就可能無法知道他們的存在和企圖。

他們盡量避開對方的雷達，只是偶爾開近偵測一下，馬上又離開。對方的速度緩慢，有時方向錯誤，湯米知道他們剛在開始搜尋的階段。但對方一開始搜尋就這麼接近「側輪汽船」，也就是瑞奇・羅伯向法院申報的座標，令湯米十分起疑。也許對方在該處會耗上幾天，讓他們有機會先取得證物，呈給法庭。

第三天上午，湯米要求「海蜂號」飛到現場，確定對方的航向，並且每隔一小時確定對方的座標一次。「海蜂號」第二次確認的座標顯示，如果對方繼續維持同一航向，聲納很有可能找到「銀河」。

對方逐漸接近「銀河」時，「航海家號」的主要工作人員都在船橋等候事情的發展。幾天前，湯米的要務是不讓「航海家號」曝光；如今，更重要的是阻止對方進入現場。他要求柏林漢攔截對方船隻，柏林漢雖然擔心船隻的安全和法律問題，但堅決不讓對方有偵測目標的機會。

「航海家號」快速前進，一個鐘頭以後，已經可以看到對方船隻的右舷了；原來是來自卡納維爾岬的「自由之星」。「航海家」朝西南航行，對方的航向則是南南西方，兩船相距八浬。柏林漢無法強迫對方改變航向，所以雖然距離還有八浬，已經令他感到不安，而且對方的雷達至少在半個鐘頭之前，就已偵測到「航海家」。對方船長當然也知道，在一小時之內，兩船將會相遇。

這時船橋傳來對方的呼叫：「『自由之星』呼叫左舷的工作船，請回答。」湯米知道法律對這種情況的規範不很確定，所以按兵不動。對方再度呼叫，稱呼他們爲「左舷不知名的灰色工作船」。克拉夫特說，對於這種呼叫，法律並沒有硬性規定必須回答。可是按照「自我保護的常識規則」，應該讓對方船長知道你的企圖，以免危及本身，「一般習慣，應該以文明、禮貌，而且技術正確的方式回答這種呼叫。」

本來大家公推德高望重、有四十年航海經驗的克拉夫特進行對話，可是湯米干預每個細節，要求克拉夫特不得透露任何消息，又不得露出任何掩飾的跡象。湯米自認這是建立共識，克拉夫特卻對此深惡痛絕，稱之爲「聒噪」。

兩艘船迅速接近。「航海家」以十節左右的速度前進，超越對方一節半。湯米命人利用油艙布蓋住深海載具，並進一步要求柏林漢不得讓「自由之星」的人員看到船頭以外的任何東西。克拉夫特不理會湯米正在準備的談話要點指示，逕自拿起無線電話呼叫「自由之星」，要求他們使用第八頻道。

對方說明船後拖著海底物件以及航線之後，湯米認爲，不是「自由之星」改變了航向，就是他們原先的估計有了輕微的誤差。照對方所說的航向，「自由之星」與「銀河」

之間的距離遠到聲納偵測不到「銀河」。「自由之星」離去之後，克拉夫特在航海日誌上記錄著：「自由之星」有深海探測設備，可能載有深海載具。

湯米亟需了解對方的船速、搜索線的長度、調頭偵測第二線所需的時間。他還希望在不驚動對方的情況下查出對方的搜索範圍。湯米的優勢是：他知道對方的企圖，但對方對他所知有限。白天，「航海家號」只在「銀河」的聲納偵測範圍之內巡梭。入夜立刻關閉甲板上所有的燈光，拉好窗簾，追蹤「自由之星」。「自由之星」燈火通明，頗不尋常。「航海家」們摸黑靠近到聲納偵測邊緣，確定對方的船位，然後悄悄離開；隔段時間，又再駛近。對方的雷達縱然出現異象，也只是邊緣地方的小點而已。他們無法知道，原來下午遭遇的船隻正在背後追蹤。

克拉夫特說：「我是出海來工作的，管他誰在附近。尋找『中美號』的地點已經標示出來，越快展開行動，就可能越早找到證物，申請打撈權。我就是不懂湯米是怎麼想的。」克拉夫特之所以發牢騷，是因爲他不了解。湯米跟律師長談，詳細請教過如何保護沈船地點；他面對股東，保證好好運用他們的投資；他花了十年光陰，殫精竭慮，思考如何完成這個任務。因此，他的決定常常讓人感到莫測高深，要等到事後證明，才能了解。

湯米這麼做，最主要的原因是載具還沒準備完成，而且尚未取得法律保障，他不能停在目標上方，不打自招，洩漏機密。推估「自由之星」的搜尋線約有二十五到三十五浬之長，換句話說，它每次都將在雷達範圍之外，停留一天到一天半。湯米必須好好利用這段時間，在「銀河」上方放下載具，盡力搜尋，然後在「自由之星」回來以前，躲到水平線外。

七月二日，「自由之星」調頭往北時，航線還在「銀河」西邊。湯米指示包機飛到現場，用遠鏡頭拍了一卷底片。底片空投到「航海家號」上沖洗之後，證實了克拉夫特的判斷：「自由之星」甲板上載運的物件，極可能就是深海載具。可見對方除了以聲納偵測之外，還有隨時施放深海載具的準備。

追蹤三天之後，「自由之星」的搜尋路線清楚顯現出來。湯米估計，從東方再轉向南方的搜索線之後，「自由之星」將會進入「銀河」的西側邊緣，到時「航海家」必須停在「銀河」正上方，正好是「自由之星」必經的航線，衝突將正式開始。

這時補給船又載走了一位技師，人手更少。全體人員不眠不休，拚命組裝載具，有時連續工作三十六小時，直到體力不支，才短暫休息，接著又再開始工作。

大家努力的結果，使得深海載具從只能看和聽的儀器，變成完整的深海探測系統：五部照相、錄影設備，一部聲納，對講系統，推進系統，操縱儀器，電腦，還有供應動力的電瓶，數百呎的纜線和水管。但是測試時，斷電器燒毀，訊號互相干擾，操控器沒有反應。七月三號晚上，載具還是無法使用；隔天，「自由之星」就會到達「銀河」上方海面。湯米別無選擇，他只能停在目標上方，一邊盡速修理載具。

當晚，他們在「銀河」周圍丟下三具異頻雷達收發器，做爲海底座標，好讓史格特確定載具的位置。四號清晨兩點，史格特校準刻度，一切準備就緒。八分鐘之後，載具下海。湯米說：「我們別無選擇。」

三點半，載具抵達海底。最初螢幕上只見白色的沈澱物；接著以十米的距離來回偵測一個小時，連影子也沒有，然後突然看到許多直徑六呎左右的神祕圈圈，可能是海參挖的。再下去，又是白色的海床沈澱物。

再幾個小時，「自由之星」將會在他們西北十二浬到十五浬之處，接著就會越過「銀河」。律師曾告訴湯米，依據海洋法規定，他可以停泊在上、可以修理船隻，但是一離開就可能喪失權利。他要求船長柏林漢態度要堅決，如果需要，還要把對方驅離，但柏林漢不肯。

依據「國際通行權利規則」，如果沒有拖著水下物件，任何船隻不得在海面上靜止不動，妨礙拖有物件的船隻通過。一旦載具耗完電力，就必須吊上甲板，「航海家」就變成妨礙通行的船隻，而「自由之星」就享有通行權。到時柏林漢非得讓路不行，不管船隻是在休息，或在修理，甚至正在撈取東西，都必須讓開。唯一可以不必讓路的情況是，「航海家」纜線尾端合法拖有東西。

羅伯律師利用電話跟柏林漢解釋相關規定，但是柏林漢不加理會。他身處外海兩百浬，指揮一艘船隻，負責二十條人命的安危，加上素不相識的「自由之星」船長，他怎能聽從一位坐在舒適的辦公室裡面，高談法律規定的律師？依據規定，遇到拖了物件因而降低行動能力的船隻，該讓路的船隻就必須讓路，否則船長執照將被吊銷，甚至連罰款、坐牢都有可能。遭殃的是船長，不是律師。船長的職責，柏林漢知之甚詳，不用律師或工程師教他。湯米預設各種可能，擬定了柏林漢的說辭；柏林漢認爲湯米可以省略或暗示，但他絕不說謊。幾度大吵之後，他們同意調和彼此歧見，共同擬定計劃，由柏林漢來應付「自由之星」。

應付策略的討論還在進行之時，位於西北十二浬的「自由之星」出現在雷達螢幕上。「航海家」的載具還在海底緩緩偵測；五個鐘頭之後，電力不足，工作人員也已疲憊不堪；九點半吊上載具。這次偵測，除了那些奇怪的圈圈之外，沒有其他的發現。

十二點三十分，「自由之星」已到了五浬之內。柏林漢開始發出警告播音，請求附近船隻注意安全。其實他們心裡明白，整個區域除了他們之外，就只有「自由之星」。

柏林漢報告的船名是研究船「航海家尼可號」，正在從事水下工作，工作區域南北三浬、東西略長於三浬，並且重複報出目前的位置，要求附近船隻離開，以策安全。

幾分鐘之後，無線電傳來對方船長的答覆，自稱是在他們北邊的研究船「自由之星」，正在進行海底測量，預計將從他們旁邊一浬處通過，並且徵求柏林漢的意見。

「自由之星」若以這個距離通過，仍然可能偵測到「銀河」。湯米告訴柏林漢：「絕對不行，水下有我們的工作器具。」載具雖然已經不在海底，但異頻雷達收發器還在；雖說它們高度不到五十呎，而對方聲納通過的高度大約三百呎，不構成威脅，但它們畢竟是海底物件，只差沒有繫在「航海家」的纜線上而已。

柏林漢告訴對方，如果從工作區域外通過，絲毫沒有問題，但是工作區域裡面，工具四散分布，請求對方繞過工作區域。但是話剛說完，他們馬上警覺到犯了嚴重錯誤：洋流朝西流動，如果對方從東邊避開工作區域，聲納仍然會被洋流送進工作區域，因而通過沈船上方。

柏林漢再度呼叫「自由之星」：「午安，船長。考慮目前情況，可否請從本船西邊通過？」這次回答的人不是船長，只說他要先查看海圖才能答覆。

「航海家」的無線電話寂靜無聲，而「自由之星」卻逐漸接近工作區域的西北角，距離逐漸縮小：四浬、兩浬、一浬半。柏林漢告訴湯米，如果他們再逼過來，他只有讓路一途，「我不能爲了配合你而跳火坑。」湯米建議了一些游走法律邊緣的變通辦法，但柏林漢認爲這麼做，嚴重扭曲了法律的規定。

柏林漢再度聯絡「自由之星」，詢問他們的企圖，還查問是不是已經決定通過的途徑，他說：「我們的工作性質特殊，可能隨時變換方向，如果進入我們的工作區域，恐怕隨時會有緊急情況發生。」對方船長立刻回覆：「我們維持目前航線的時間很短，抵達你們工作區域北邊時就會右轉，那時你們就在我的左舷了。」

對方並沒有講明，到底是要從「航海家」旁邊一浬處通過，或從工作區外通過。因爲工作區寬達三浬，兩種通過方式的差別很大。柏林漢再度要求確認，對方只是含混其詞，不肯明講。

再度通話時，對方主動詢問工作區域內是否繫有漂浮物，湯米要求柏林漢回答「有」。對方終於同意繞過工作區。這時「自由之星」離工作區的西北角不足一浬。

湯米立即和羅伯律師通話，羅伯認爲危機還沒有迫切到必須馬上根據聲納圖像提出申請的程度。他要湯米設法取得實物再說。湯米只好請教運用什麼法律用語，最能強烈表達他們對沈船的權利主張。羅伯說：「你可以告訴對方，你已經『開始作業』。」這是事實，聽起來還有嚇阻的作用。

「開始作業」是法律用語。當發現者發現無主船隻，想取得所有權而開始行動時，不論該船正在下沈，或已沈沒多時，法律上都稱爲「救助海難船隻」；發現者有權主張取得財物的權利。

在湯米的協助之下，柏林漢費了不少唇舌，總算讓對方知難而退。「自由之星」來回搜尋了幾趟，最近時離工作區西南角不到半浬，然後朝西北前進。第二天上午，「自由之星」的影像從「航海家」的雷達螢幕上消失。

七月五日上午八點十五分，他們在「銀河」第二次施放水下載具。除了推進系統動力不足，操控桿咬合過緊，操作不夠順暢之外，一切正常。正午剛過，螢幕上出現碎物的光點，但是光線不足，不能確定是什麼物件。於是穆爾增加載具的深度，終於在五點剛過不久，發現了大家夢寐以求的煤堆。

六點半他們正在吊起載具時，「自由之星」又出現了，距離是十六．五浬，正以一．六到一．八節的速度朝工作區西南角幾浬外的方向前進。湯米要求加速收起載具、充電，再放到海底。穆爾也利用這段時間調整操控桿的接合點，上潤滑油。由於海底的壓力和溫度跟海面相差極大，這種調整必須反覆修正，但時間急迫只好一切將就。

七月六日凌晨兩點四十分，載具再度下水。這時「自由之星」就在西邊六浬處，緩緩朝「航海家」駛來。部分人員在控制室忙著操控載具，部分就站在甲板上仔細觀察「自由之星」的行動。

這次，他們決定取回煤炭，做爲呈庭證物；羅伯律師也表同意。湯米認爲，機械設備的能力足以多挖一些。嘗試結果，因爲鏟斗的開口無法咬合，挖取不到任何東西。幾小時後，他們又發現一堆煤炭，上面有些管子，可能是引擎零件，但仍撈不上來。

這時大家疲憊萬分，鮑伯主張收工休息，湯米只答應把載具拉高，停放水中，因爲「自由之星」又出現在工作區周圍了。它來回巡梭，時快時慢，逼得柏林漢一再提醒他們，並且每次都以船頭對準它，阻止他們進入工作區域。

這時湯米最擔憂的，就是「自由之星」的尋寶客逼迫該船船長運用國際通行規則的極限，那麼對方聲納的掃描範圍就可能到達「銀河」，到時他們就可以主張「共管『中美號』的黃金」。

載具剛吊上來的時候，大家都希望鏟斗裡會有東西，可是裡面空空如也。跟「自由之星」纏鬥一段時間之後，多寧無意間看到鏟斗裡面的反光；原來是一團六吋寬的無煙煤。這團煤塊在鋁質的鏟斗裡面，從八千呎深的海底拉上來，歷經震盪、搖晃以及壓力的變化，居然沒有掉落，大家都覺得難以理解。煤塊上面鋪滿白堊質的海蟲管子，明顯是來自海底沈船。

現在的首要之務，就是立刻把這團煤塊送呈法院，取得打撈權，趕走「自由之星」。然而諾福克遠在三百浬外的天邊，「自由之星」像一條鯊魚，虎視眈眈地在旁窺伺。補給船來回需要四天，而「海蜂號」的駕駛員有了上次的經驗，不敢在海上降落。湯米只好再出怪招，他要「海蜂號」飛到「航海家號」上空，「空接」這團煤塊。

湯米聯絡駕駛員格勒斯，向他解釋：方法其實很簡單，只要冒著生命危險，從事一件在美國領土之內絕對禁止的行動就行了。湯米把一根容易斷裂的繩子綁在船尾，讓煤團空漂。格勒斯到達時，把飛機降到海面上空幾呎的高度，掠過船尾，用機後繩子拉著的掛鉤勾走煤團就行了。

格勒斯馬上考慮到降落的問題；縱使平安降落，煤團以幾百浬的時速拖在跑道上滑行，勢難保存。所以格勒斯選定恐怖角河（Cape Fear River）做為降落地點；由於河道深淺不一，必須在白天降落。湯米在三點多打來電話，格勒斯估計，立即趕赴機場，四點多就可以起飛；六點鐘左右飛抵現場，估計以一個小時勾到煤塊，九點鐘可以回到陸地。但是威敏敦的天黑時間約在八點四十五分，他必須在八點半以前降落，才有足夠光線。他答應湯米，願意一試。

船上人員做好各種準備工作。爲了預防萬一，他們還把煤塊鋸成兩半，分別裝在兩個袋子。飛機到達時，繩子竟然打結，但時間緊迫，格勒斯在六點三十分做了第一次也是當天最後一次的勾取工作。勾到之後，因爲飛機爬升較慢，煤塊碰撞海面幾次之後，終於掉落。幸好事先包裝時就有防備，煤塊沒有立刻沈沒，又撿了回來。

第二天，格勒斯在清晨三點五十二分起飛，快六點鐘時，飛抵現場。他先飛過船尾，讓船上人員觀察他的掛勾是否正常，然後繞了一圈，機頭對準尼龍線圈，高度降到離水十呎，勾住圈套之後，立刻緊急爬升，在晨曦中飛向威敏敦。

四個月以來，大家全力以赴的目標——取得「中美號」上的物件——總算完成。它現在正在飛往法院的途中。「航海家號」的後甲板上，洋溢著快樂的叫聲和笑聲。

格勒斯在恐怖角河降落，取下煤塊包裹，放在飛機後座，飛回威敏敦。加滿燃料之後，立刻又飛到諾福克，羅伯律師已經在機場等候了。

羅伯律師早在接到湯米通知之後，就向法院預辦申請手續；從格勒斯手中接到煤炭之後，他立刻趕赴法院。法官雖然對於兩百浬外海的司法管轄權略感猶豫，但既然迄未有人抗議，他還是簽署了文件，授與哥倫布—美國公司在「銀河」打撈沈船的權利。

翌日清晨兩點，「自由之星」又出現在九浬之外，然後到達工作區的北端。「自由之星」的干擾，把湯米弄得幾乎發狂。他雖然知道法院已經批准了打撈權，可是衛星電話出了毛病，無法電傳法院文件。柏林漢只好呼叫對方船長，要求他不可進入工作區；對方照樣含混其詞，只說不會妨礙到「航海家」的工作。傍晚他們終於收到電傳文件，柏林漢向對方宣讀了法院的命令。對方答覆已經了解，之後就悄無聲息。

第二天，七月九日上午，「自由之星」又從工作區一浬之外通過，折回之後的航線將直接通過工作區的東半部。對方船長向柏林漢宣讀了以下的文件：

「迄東部日光節約時間今晨九點三十二分為止，敝方尚未收到任何法院命令，禁止敝方在大西洋公海地區從事測量以及研究工作。」

顯然對方已經請教過律師，有備而來。接著對方船長要求「航海家」不得妨礙他們通過工作區，進行測量。他說：「本船拖著深海繪圖測量裝備，纜線長度一萬三千呎，高度約在海床上方三百呎，速度大約一．六節。我們將無法隨時改變速度和航線，而且實際航向可能和預定路線有極大差異。」

此事早在羅伯預料之中，原先他就曾要求法官禁止他人進入工作區域，但法官認爲沒有人身安全或財物遭到緊急威脅，不肯簽發命令。而目前的情況，正是羅伯盼望的「緊急侵犯」。

他們申請到了理查・凱蘭（Richard B. Kellam）法官簽署的禁令，期限十天。禁令立刻轉述給「自由之星」，但對方相應不理；柏林漢提議派人把法院禁令送上「自由之星」，也遭到拒絕。柏林漢迫不得已，以船尾對準對方，啓動電腦定位系統，將「航海家」靜止停在工作區中心到東邊的正中央，載具留在海中，並且發出船隻行動能力受限的警號。依據通行規則，如此一來，「航海家」成了「權利船」，對方不可通過它的船尾，因爲船尾拖了東西。

「自由之星」還是昂然直入，「航海家」以極爲緩慢的速度前進，並且略爲偏西。「自由之星」跟著偏西，但「航海家」繼續偏往西邊，「自由之星」繼續前進，直到兩船相距七百公尺時，才再偏西。柏林漢終於把「自由之星」驅逐出去。

幾分鐘以後，「自由之星」的船長打來電話，措辭嚴厲，認爲禁令無效，因爲「航海家」沒有繳納十萬美元的保證金。他並指控，「航海家」代表人的權利主張，毫無根據，還威脅到「自由之星」，極可能對於他的人員和水下裝備造成損害。他進一步聲明，此後不再理會「航海家」，一切依據通行規則處理。

羅伯在五點鐘繳了保證金。而湯米認爲「自由之星」既然和哥倫比亞大學有關，威廉・瑞安（William Ryan）博士必定在船上。柏林漢要求瑞安博士接聽，詳細說明了維州東區地方法院的裁定，要求他們離開工作區，否則「航海家」將採取一切必要措施，依法保障他們的權利。

柏林漢還說明保證金已經繳納，法院的命令已經生效。對方船長表示，當晚他將不會進入工作區。

禁令有效期間只有十天，所以羅伯再度申請針對「自由之星」的禁令；聽證會預定七月十五日舉行。但是羅伯也是對方——哥倫比亞大學——的法律顧問，同時代表兩造，所以凱利和羅夫蘭加聘一位律師大衛・保羅・何蘭（David Paul Horan）。何蘭曾經替費雪跟佛羅里達州政府打官司，一直打到最高法院。七年之間，每次開庭他都親自出席。

湯米必須親自到庭，但因爲工作太忙，在風雨中趕到諾福克時已是午夜。律師們只能聽取湯米敘述整個事件的經過，來不及提示第二天法庭上應有的舉止和說辭，就已經是清晨四點半了。

原來對手不是哥倫比亞大學的信託人，而是湯米的頭號對手伯特・韋伯（Burt Webber）。四十五歲的韋伯在尋寶界頗有名氣。他在一九七八年的「觀念號」爭奪戰中擊敗多寧，賺了不少錢。「自由之星」的尋寶計劃就是由他策劃主持，資金來源是波士頓打撈顧問公司。他自稱多年前的一次計劃就和「中美號」有關，而且「已經勤奮研究這次行動多年。」

負責審理本案的法官就是凱蘭。在交叉訊問的過程中，何蘭律師質疑對方，爲何能在「航海家號」出海一個月之後，直搗「側輪汽船」的座標中心。對方以對於「航海家號」的行動一無所知爲由，推得一乾二淨。傳訊「自由之星」船長時，在何蘭的逼問之下，船長承認對於水下的聲納位置一無所知。何蘭直指對方根本就在窺伺「航海家號」正在偵測的東西。經過兩造律師反覆詰問、辯論，聽證會直到下午五點鐘才結束。凱蘭法官指示翌日上午八點四十五分繼續開庭。

第二天的聽證會結束時，凱蘭法官裁定，撈獲物的歸屬問題，需等確已撈獲時再做決定，但是他禁止旁人進入工作區，以免妨礙「航海家號」的行動。

上午十點十分，當凱蘭法官引經據典、長篇大論地說明裁定理由時，對方已把船長送上「自由之星」，開足馬力往工作區疾馳而去。他們想爭取時間，趕在「航海家」之前到達，利用禁令傳遞過程所需的時間，搶先拍攝部分照片，做爲籌碼。

但是湯米早有準備，他搭乘漁船上岸出庭，「航海家」根本沒有離開現場。

下午五點，「航海家」發現「自由之星」直朝工作區域而來，時速超過十二節。它到了七浬之外，正是目力可及的距離時停了下來，調頭緩緩離去。

「銀河」現場

一九八七年八月

凱蘭法官裁定以後，哥倫布—美國發現集團發布新聞，標題是「搜尋沈船開創深海探險新紀元」。文中報導，「中美號」在一八五七年沈沒，四二八人喪生之後，一艘符合其特徵的沈船殘骸，終在大西洋岸外尋獲。新聞發布之後，湯米和巴力立即飛往華盛頓，接受《華盛頓郵報》訪問，接著再飛紐約，接受《基督教科學箴言報》和《美國新聞與世界報導》的訪問。一週之後，他們返回威敏敦，住進一家汽車旅館，利用當地廉價的電話聯繫工程師、合夥人、科學家，大量建立聯繫管道。

這段期間，「航海家」的工作人員已在海上不眠不休工作了八個星期。工作壓力沈重，大家脾氣暴躁，彼此互相埋怨，毫不掩飾。大概每隔十天，克拉夫特就會供應啤酒和一些食物，大夥在後甲板痛飲一番，紓解緊張情緒。縱目所及，四週都是深藍的海浪；大家縱情高叫，毫無顧忌。忘情之際，正是大家痛批湯米、大發牢騷的好機會。

湯米交代他們在這段期間只要多拍照，不要探勘木樑，不要碰觸淤泥和煤堆。他不希望弄亂現場，他要的只是大量的照片和錄影帶。

湯米從七月十三日離開三週半，其間工作人員施放深水載具十四次，只有五次順利留在海底直到電力不足爲止。其餘時間，不是天候不佳，就是裝備問題叢生。最大的困擾來自載具的三個推進器；推進器的直徑八吋，長兩呎半，每只造價五千美元，是當時最好的產品。在八千五百呎深的海底，壓力大得足以把鉛筆頭的橡皮擦擠過千分之四吋的小縫；推進器的橡皮墊抵擋不了海水滲入，引起馬達電流斷路。有時下水不到三十分鐘，推進器就會故障，工作只好中止。這時就必須吊起、拆解、烘乾，然後趕緊修復。訂購新貨、矯正、重新設計，全都無濟於事。

「銀河」現場中央部分隆起，成堆的碎物由此向外延伸，但是堆與堆之間界線不明。本來堅硬牢固的木樑，受到海蟲、海水和地心引力的作用，都已疏鬆變形，結構崩塌。整個殘骸上面覆著一層白色淤泥，成群的鼠尾魚前後散布。

主要的錄影機ＳＩＴ雖在暗處，功能仍然良好。穆爾就利用它來引導載具靠近目標，拍攝靜態照片。多寧偶爾也拍攝幾張，觀察之後，做成筆記。

載具吊上之後，多寧就沖洗彩色照片，大家共同研究。

多寧研究螢幕影像和照片之後，有兩點疑慮：三十呎高度之處，無論如何都看不到那兩個龐大的鐵輻側輪。其次就是現場的範圍。水下物件的大小本就難以判定，加上船身破損變形，根本不能判斷船頭和船尾的起訖點。但是根據載具運轉情形判斷，殘骸長度不到九十公尺，顯得太短。

湯米在八月八日和海克曼一起回到船上。湯米神采奕奕，對於法官的裁定和公衆的反應深感振奮，準備繼續在海上工作兩個月。

克拉夫特私下對他說明工作人員的情況，吞吞吐吐地建議讓工作人員稍微休息一下。沒想到湯米滿口答應；他也正想利用機會向股東報告進度。他將工作人員的家屬接到查爾斯頓，爲他們訂了旅館，舉辦舞會。

正當他們在旅館裡歡聚，而「航海家號」泊在港口之時，瓦力・克烈索（Wally Kreisle）也在查爾斯頓醫院裡焦慮等待，他的兩歲兒子病重，正在加護病房。從家屬休息室的窗戶望出去，可以看到「航海家號」，克烈索知道那是湯米的船，這景象使他焦慮不安。過去六年來，他走遍東岸的圖書館，蒐尋「中美號」的相關資料，矢志要找到這艘船。目前他已有了投資者、租了一條船和深水聲納偵測器，還跟「堅定海洋公司」簽了合同。這家公司專屬於美國海軍，由鮑伯・庫茲列伯（Bob Kutzleb）主控。庫茲列伯就是當初由投資者邀請，出面和湯米討論，卻對湯米大事撻伐的專家。他獲得了湯米股東提供的機密資料，還提供聲納專家，所以克烈索已經準備就緒，只等兒子病癒，就可以動手。克烈索看過法院的裁定，可是也已經陷入太深，無法叫停。

自從七月初「自由之星」出現以後，湯米就專注於對抗入侵者和應付媒體。直到八月下旬才獲得喘息，集中力量處理工程和技術問題。他仔細研判所有照片和錄影，終於認爲了解充分，應該開始搜尋煤炭以外的東西，進一步確定沈船確實是「中美號」。

船上儲存珠寶黃金的地方面積很小，尋找困難；如果船隻錯誤，可能要浪費好幾個月，尋找根本不存在的東西。他先要確定這些殘骸確實是「中美號」，然後才可以開始有系統的尋寶工作。

「航海家」在八月二十日清晨返抵現場，放下深水載具。沈沒一百三十年的「中美號」究竟是什麼樣子，沒人知道。湯米和鮑伯運用想像，假設各種可能的情況：木材被蟲子吃光；鐵料鏽蝕不見；船隻直立、毫髮無損；一切都已消失，只剩煤炭。他說：「還有木頭和鐵料，但所剩無幾，幾乎只剩下煤炭而已。」

整個背景中只看到一些破爛的木頭，但上面覆蓋的煤炭太多，看不出船殼的輪廓。把影像和湯米研究過的「中美號」設計圖一對照，又一點也不像。大家印象最深刻的一點，就是整個現場顯示的強烈騷動跡象。湯米說：「『側輪汽船』的現場，絲毫沒有騷動的跡象，就像空無一物的小筏，靜靜擱在海底。可是在這裡，可以感受到當時確是一場大災難。」

他們發現第一件不是煤炭的物件時，克拉夫特正在控制室裡。當時穆爾把載具送到他們認爲是上層結構的東西旁邊。克拉夫特和其他工作人員對著螢幕仔細審視固定桅杆的木頭，其輪廓、距離、木板的位置，都和「中美號」的設計圖相符。

幾天後，穆爾套住一塊船錨，拉上水面。那是一千磅重的鑄鐵，錨爪彎曲，比人還高；它符合「中美號」上一個船錨的大小和形狀。

穆爾操作水下載具的工夫已到出神入化的程度。克拉夫特曾說：「如果想看操作的天才，那麼觀賞穆爾操作伸展臂，夾取一片瓷器就夠了。伸展臂的爪子力量大得足以夾斷人手，但穆爾絕不會在瓷器上面留下任何抓痕。」

穆爾利用湯米不在的期間，調整了伸展臂的功能，達到精密的程度。湯米回來之後，穆爾先是撈起一個瓶子和一塊鐵礦石，接著又撈到一個陶甕。有一天，穆爾發現一個連蓋的瓷瓶；他先撈起瓶身，接著才把蓋子撈了上來。瓷瓶只有一吋高，三吋半寬，裡面裝著軟膏。克拉夫特推測，那應該是當時婦女使用的面霜。

他們撈上東西之後，立刻就先研究它們的製造年代。鮑伯除了準備幾本參考書之外，還經常請教遠在哥倫布市的歷史學家康拉德；研討項目包括註冊商標、設計年代、陶器形狀，還有註冊日期。

「中美號」在一八五三年十月啓用，一八五七年九月沈沒，總共才航行了四年。這次撈獲的物品當中，有兩個鐵製大杯，上面有一八四二年至一八五五年專門供應船隻餐具的馬杜克公司的標誌；一個鐵製餐盤，烏得公司在一八四一年至一八六〇年專門生產這種餐具；以及一八五三年問世、愛斯模公司製造的上菜托盤。另外還有孩童使用的大杯，上面刻著富蘭克林的格言，這種杯子在十九世紀中葉非常流行。兩個兩加侖的甕子，上面有藍色花樣，一個是梨形，一個是圓筒形，都是一八五〇年開始生產的。最後還有一個英國愛德華公司製造的餐具，登記日期是一八五三年七月十八日。

這些物品的日期和「中美號」的年代完全吻合，令大家興奮莫名，只有多寧例外。早在湯米上岸期間，多寧就認爲找不到側輪，就證明這艘沈船不是「中美號」，這些出水的物品也未改變他的看法。

湯米對於多寧的眼光見識毫不懷疑；但問題是，連多寧都沒見過這種深度的沈船。而基本上，多寧只是個尋寶客，結論下得太快。湯米親自研究過中美號側輪的鐵質鏽蝕的速度。根據專家的說法是，沈船在海水中，鐵質每一年鏽蝕一公厘，以此類推，一百三十年後，沈船所剩的鐵質就非常有限了。此外，他們發現的鐵塊，只要穆爾的儀器一接觸，馬上冒出橘色煙霧，然後整塊消失。所以問題是，引擎和側輪在多久以前就被海水鏽蝕了？側輪和引擎會不會在下沈的過程中摔離船身？然而這些觀點都無法說服多寧，他還是堅持己見。

多寧覺得困擾的，不僅是側輪不見，船身也太短。湯米也承認船身長度不符，「可是我們的資料不夠，不可能做出正確判斷，甚至於連現場都還看不清楚。」如果能夠確定船首和船尾，如果史格特判定船身遠超過二八○呎，那麼湯米才會擔憂。因爲船身太長，沒有理由可以解釋，但是稍短一些，卻有許多合理的解釋。當年「阿圖加號」船尾屋掉落，和船身分開了將近十浬。「鐵達尼號」沈沒時，鐵殼船身斷成兩截。「中美號」也有斷成兩截的可能。裝著引擎的一截，因爲重量的關係，直沈海底；較輕的一截，漂流一段距離才沈到海底。他們看到的殘骸較小，可能就是較輕的一截。海克曼還有一個解釋：船隻下沈的角度如果太大，前面一截插入海底，外表看來也會較小。

如果撈起物件的製造期間晚於一八五○年，如果船身支柱是內戰時期以後的產品，如果瓶子是十九世紀以後製造的，那才是反證。可是所有撈獲的物件，日期都能吻合。

到了九月，鮑伯覺得沈船現場的煤炭似乎太多。「中美號」裝滿煤炭，從紐約開航，鮑伯估計，「中美號」每天消耗燃煤五、六十公噸，還加裝了兩天份的備用燃料；引擎熄火時，離目的地紐約還有四天航程，剩餘的燃煤應該是三百噸左右，可是「銀河」現場的燃煤似乎不只於此。照相機的視角太小，又無法移動煤炭，勘查下方的物件，所以鮑伯覺得毫無把握。

他說：「雖有一些疑點，我們還是認爲地點正確。至於該從何處挖起，仍無法決定。煤炭一大堆，黃金在哪裡呢？」

另一名競爭者瓦力・克烈索在八月底帶著聲納人員出海前，在南卡羅萊那州的喬治城公開宣布，湯米找到的是錯誤的船骸，他要在海特拉斯角（Cape Hatteras）外十二浬左右的海下一百呎打撈「中美號」。他已經看到「中美號」的側輪、撈起蒸氣管和銅質護皮。然後他帶著「海馬號」和必須的裝備，直朝兩百浬外的「銀河」前進。瑞奇・羅伯對克烈索的行動早有所悉，在克烈索離港以前，羅伯把法院的裁定告知他。八月二十九日，「海馬號」抵達「銀河」，柏林漢立刻把禁區範圍告訴該船船長，並要求報出雇主的姓名，但遭到拒絕。柏林漢要求登船送達法院裁定的文件，但對方以「早知道」範圍，等闖入之後再送也不遲爲由而拒絕。「海馬號」來回搜尋，每次都更加接近禁區。

幾天後，柏林漢告知所有船隻，「航海家號」將暫時離開工作區，他船不得進入。翌日上午，雷達發現「海馬號」進入禁區東邊，然後沿著搜尋路線揚長而去。

九月五日天氣轉壞，風力高達二十五節，浪高十呎。「航海家號」把載具留在甲板上，施放八千呎的纜線，企圖鬆開紐結。這時「海馬號」掛著海下拖有物件的警告標誌，朝著禁區中心直開過來。

柏林漢原先以爲這種天氣不會有人施放魚形拖杆，所以他的船隻沒有拖著任何東西。「海馬號」離開禁區一千呎的時候，他打電話詢問對方的意圖。對方船長說他要維持目前的速度和航線。柏林漢警告對方，如果擅行闖入，將被控以蔑視法庭的罪名；但對方相應不理，準備硬闖。湯米要求克拉夫特在纜繩尾端綁個空鋁管，掛起警告標誌。柏林漢大怒，不肯聽命，但是湯米獲得克拉夫特的支持。

「海馬號」接近到兩千呎的時候，該船船長來電詢問柏林漢的企圖。柏林漢與湯米爭執一番之後，還是讓出航線，但提醒對方先前的承諾：只要進入禁區，就願意讓柏林漢把法院裁定的文件送交「海馬號」。誰知對方竟然一口回絕。「海馬號」通過的時候，兩艘船相距不到三百呎。一個小時以後，它又回頭直闖禁區中心，顯然要對禁區從事X型的搜索。柏林漢先把「航海家」停在對方航線上，然後要求對方接聽法院的裁定。這時「海馬號」上的克烈索出面交涉。他態度強悍，堅持按照計劃通過禁區。

柏林漢忍無可忍，把「航海家」停在禁區西南角，船頭朝向東北方，等候「海馬號」。這時纜線還在海底，柏林漢同意懸掛警告標誌。他隨時可以進行東西向的移動，迫使對方讓路；「海馬號」接近時，柏林漢按兵不動。這時羅伯律師來了電話，鮑伯告知詳情。雖然當天正是勞動節假期，羅伯還是安排了一次聽證會。

通話時，「海馬號」已經相當接近，鮑伯要柏林漢把對方從北邊驅逐。對方船長要求柏林漢讓路，柏林漢堅持不肯，最後終於驅逐了「海馬號」。

勞動節下午，正好也是法官凱蘭的結婚紀念日，正在大宴賓客。在羅伯請求之下，凱蘭於當晚發出命令，要克烈索和「海馬號」相關人員於星期二上午出庭應訊。羅伯立刻通知克烈索以及他的律師。「海馬號」到達諾福克港時，聯邦警官上船查扣了航海日誌和聲納記錄。星期二，凱蘭法官判決克烈索以及船上相關人員蔑視法庭。

這時已是九月中旬，大西洋的氣候即將轉壞，湯米心急如焚。首先他必須阻止克烈索闖入禁區搜尋，而克烈索脾氣暴躁，難以捉摸；其次克烈索和韋博在「銀河」到底發現了什麼？會不會據以向法院申請搜索權，趁著「航海家」離開之時進入工作？第三，他對「中美號」的實際情況，所知仍然有限。所以「航海家」稍經整補之後，於九月十二日到二十六日在「銀河」的東南兩邊，搜尋了五百平方浬的海底。

一切的辛苦努力，都還沒有獲致明確的結果，湯米立刻開始研擬一九八八年的工作計劃。

俄亥俄州哥倫布市
一九八七年秋天

一九八七年五月，湯米絲毫沒有出海工作的打算。他原本計劃等穆爾跟海克曼完成了他心目中的載具，擁有執行一切工作的能力之後，才在八月出海。如果需要，先測試幾個星期，再到「側輪汽船」現場。如果證明「側輪汽船」的殘骸不是「中美號」，他也已經擬定探測其他地點的計劃。等到證實是「中美號」之後，他先要拍照、研究，再打撈黃金。可是天不從人願，謠言滿天，競爭者不斷出現，使他不得不匆促完成準備，帶著應急的載具出海。期間還遭遇種種法律問題。結果資金耗用殆盡，左右支絀。

這段期間，第二階段的資金三百六十萬美元幾乎告罄；第一階段的資金雖有結餘，但加上股東們同意追加的應急基金一百萬美元，全部花費已達四百五十萬美元。對股東而言，迄今撈起的物品一無價值。有的股東戲稱撈起的無煙煤是歷史上最貴的煤炭；還有人補上一句：「那些煤炭能夠燃燒嗎？」

股東們無法體諒，但湯米自認他們創下兩項記錄：第一，他們在史無前例的深度——八千呎的海底，憑藉他們的技術，完成了一些工作。其次，法官接受他們對於司法管轄權的解釋，授與他們獨家探測的權利；當旁人違反裁定時，科以蔑視法庭的刑責。但股東們要的是黃金，而黃金的芳蹤依然縹緲。

「我們的表現、我們的勝利、我們的堅忍、全體人員的合作努力，構成了所能想像的英勇行爲。然而股東不一定了解，」湯米有點感慨地說，「股東的典型反應都是：『沒有想到還有這些法律問題，情況好像還會更棘手。』九月份工作暫停時，我們都已筋疲力竭，可是更棘手的問題才剛開始：募集足夠的資金，製造完整的載具。」

湯米只能以措詞謹愼的書信和股東溝通。在海上工作時，由於工作忙碌和保密需要，湯米所發的通知都很簡略，無法獲得股東的體諒和認同。他要說明海上的奮鬥，讓他們了解難題所在，希望他們同意增資，讓工作得以順利進行。他不能讓股東感到無望，也不能對股東提出保證，唯一能做的，只是說明下一季的工作計劃。

他必須說明，選擇「側輪汽船」固然錯誤，但是行家都能了解這種空前嘗試的困難所在，何況聲納工作人員都是一時之選。他還要說明，爲什麼需要更多的資金，製造全能的載具深入煤堆底部，以證明「銀河」確實是「中美號」殘骸所在。然而難題就取決於股東的想法：既然深海工作如此困難，連專家都會判斷錯誤，投資風險豈不太大？

十月間，湯米撰寫長達十頁的說明書，分寄股東。信中檢討被迫採取緊急計劃以來，所遭遇的挫折以及重大的成就。原先由於聲納圖片的近似，誤以爲「側輪汽船」就是「中美號」的沈沒地點。接著雖在「銀河」撈獲一些物件，但由於應急載具功能不足，無法挖穿煤層以證實那艘沈船就是「中美號」。

他接著說明，受制於載具的工作能力，無法挖掘到寶藏所在的位置，所以當務之急就在擴充載具的功能，以便明年春天開始全面的探測和打撈。

十一月，湯米召開股東大會，會中展示了撈獲的物件。物件的布置，頗費心思，相當別致。彩色照片掛滿牆壁；錄影機不停播放伸展臂抓取物件的畫面，其中包括抓取船錨的畫面。終場時，湯米說：「夏季蒐集的大量資料，都已經仔細分析。影響正式打撈工作、取回黃金的唯一因素，就看能否及時募得足夠資金，訂購新一代的系統。」湯米估計所需資金約爲三百五十萬美元，立即簽約的股東不多。

這時股東大受震撼，議論紛紛；有的語帶譏諷，有的悲觀憂慮，有的諒解支持。八月底，八位股東自行開會。他們擔憂湯米大權獨攬，不肯授權，打算勸服湯米把法律、公關、帳目、稅賦等事務交由旁人負責。可是湯米籌組這家公司，醞釀時間久遠，沒有臨時收入項目，沒有販售貨物，沒有交易行爲，一切制度都未建立。要使組織系統化，建立經營團隊，充分授權分工，還要假以時日。

亞瑟認爲湯米已經遭遇信心危機，建議分散風險，利用現有裝備打撈幾艘比較簡單的沈船，然後讓股票上市買賣。亞瑟的建議在探勘油礦方面經常奏效，但違反了湯米的理念和方法。加列幾條沈船固然可以增加吸引力，卻無法分散風險，反而因爲浪費經費在沒有把握的目標而增加風險。湯米早就了解，專注於一艘有文獻可徵、寶物可觀的沈船最爲有利，而且不會重蹈一般尋寶客的失敗覆轍。

湯米承認亞瑟才智過人，他的辦法或許可以化解財務危機，但目前不是恰當時機。湯米不肯爲了解決目前的危機而典當未來，他要另想解套的辦法。

湯米心中擔憂，但他也喜歡擔憂。他說：「越擔憂，就越會思考；越思考，就越了解；越了解，就越有處理事務的能力。我越擔憂，精力就越充沛。」

湯米擔憂的事情不少：資金、股東、技術，還有人員問題。設計全能的水下載具不但前所未有，迄今為止，根本還沒有人敢於嘗試。工程人員遭遇的難題，他沒向股東報告。年前他曾經繪製了設計圖，後來因爲製造緊急應變的載具而中斷。如今他對於現場已有更深的了解，所以和海克曼以及其他工程師正在進行實驗工作。

水下載具最惱人的難題，就是工作範圍過分狹小；伸展臂的接頭不夠靈活。伸展臂最多只能伸出三呎，工作範圍只有四吋乘六吋的大小。有時無法接近目標，只好拉起載具，移動船隻，等候淤泥沈澱，然後重新放下載具。因此，常常不到十分鐘，就必須拉起重放。

湯米對於這個問題早已思考多年，他認爲解決之道在於使用裝有旋轉軸的機器人。海克曼認爲裝上球形軸承，機器人沈重笨拙，一定會陷入淤泥之中；而且他們已有漂浮載具，可以旋轉，撈取物件。但湯米認爲使用漂浮載具耗時過長，堅持重新設計。海克曼初次估計，這種裝置旋轉軸的機器人，重量將達五千磅。海克曼雖然認爲這個想法匪夷所思，但也知道如果設計成功，工作效率將可增加一千倍左右。湯米和海克曼一再研商討論，決定不用堅牢笨重的軸柄，改採機翼的設計概念。海克曼又改良了一些機件的設計，但重量仍然超過原先估計的一半。湯米還不滿意，要求不能超過十分之一。最後完成的設計，旋轉基座重四百五十磅，旋轉角度三百六十度。

傳統的伸展臂是模仿人類的手臂設計的，工作範圍只有五至七度，而人的手臂卻可轉動二十七度。人類的手臂只有上臂、前臂和手掌；湯米希望加以改進，他要把上臂分成三段，前臂分成五段，工作範圍至少必須超過二十七度，伸展的程度也必須加長。不但如此，爲了視線清晰，他還要把機器人的眼球裝在伸展臂上，隨著伸展臂進退，提供清晰的視線和不同角度的光源。

爲了解決資金沒有募足的問題，有的股東介紹銀行，有的股東願意出資，製造水下載具，然後租給公司，可是湯米都加以拒絕。最後決定，還是採取老式的方法，由湯米和老股東以及有意投資的新股東當面懇談，爭取投資。雅士比建議以打撈階段爲名義，進行募股。問題是這一階段的股份已經全部售出，增加新股所占的比例應該如何決定，大有爭議。雅士比提議，撥出足夠股數，募足七百五十萬美元，所占比例爲打撈階段全部股數的二五%。此議遭到舊股東反對，最後以一百五十股，每股資金五萬美元，占第三階段一五%定案。

雅士比對股東的說明，重點在於法院裁定的禁令，以及深海載具在海底的表現。但是從一九八七年秋天一直到翌年冬天，認股人數寥寥無幾。湯米只好預計何時可有股款入帳，再按優先次序訂購所需裝備以及僱用人手。

湯米一面仔細運用有限的資金，一面敦促工程人員努力趕製深海載具。他刻意隱瞞財務窘境，以免他們分心。不時都有股東電話詢問進展落後的原因，或指責他隨便丟棄已有的裝備。對於股東，他隱瞞製造載具遭遇的難題；對於工程人員，他隱瞞財務困難的窘境，這些令湯米焦頭爛額，疲於應付。

俄亥俄州哥倫布市
一九八七年冬天到翌年春天

「銀河」令人充滿信心，又令人疑慮不安。撈獲物件的製造日期都能吻合，煤炭也是證物之一；湯米、鮑伯和巴力都認爲，該地的沈船九〇%就是「中美號」。湯米說：「很可能我們找到的就是『中美號』，但就算有九七%甚至九九%的可能性，都不能視爲百分之百。我們心中都還有疑慮，不敢完全確定。」

湯米指定鮑伯分析一九八六年搜尋一千四百平方浬所得的全部資料，編成目錄。這時的鮑伯多了兩樣利器：「側輪汽船」和「銀河」兩處現場的實地經驗；新一代的軟硬體設備。他能夠把聲納圖表轉換成明亮、對比鮮明的彩色圖片，還能以掃描或放大的方式處理一切資料。他從第一天的資料開始分析，湯米要求他注意所有細節：大船、小船、地質現象、船運器材、帆船、潛艇什麼都不能輕易放過。

開頭的四十九份記錄，因爲天氣不好、機器性能不夠理想，價值不大；到了第一百二十號檔案時，有幾個影像引起鮑伯的注意。這些是當時麥克以一千公尺的距離，利用高解析度影像拍攝的。一百二十七號檔案拍攝的是西南角的目標，當時影像出現時，因爲接運補給而使影像消失。二度通過該目標時，航海日誌有如下的記錄：「左舷兩百米處有接觸。地質現象？」觀測員的記錄是：「一大片地質特徵。」第三次通過時，觀測員的結論是：「目標似為地質特徵，無甚價值。」

鮑伯說：「我看到標爲『地質現象』的目標，占了畫面將近四分之一的高度。目標物形狀細長，像是一堆東西的中心部位，周圍堆了大量的雜碎物件。」仔細量度之後，長度比「銀河」現場的殘骸還長。他關掉螢幕，思考了一陣子，又打開螢幕，詳細審視……終於他大叫：「這是一艘船！不是地質現象！它不但是船，而且大得多，輪廓也完全符合！」

「銀河」的影像因爲周圍雜碎物件堆積太多，使船隻的輪廓模糊不清。別處的影像則都能看出船隻的外貌——細長而尖銳。但是鮑伯知道，滿載煤炭、而且沈在海底一百多年的木殼船，外表應該是模糊的圓形。他說：「聲納人員固然都是一時之選，但他們第一次看到這樣的影像，難免會誤認爲地質特徵。可是我已經研究了整個夏季，知道這是一艘船。它的外表眞像『銀河』；如果它是『中美號』，我們可就在錯誤的船隻之上，浪費了一百一十五天了。」

這時鮑伯心中百味雜陳，既充滿了挫折感，又滿懷興奮。整個夏天一無所獲，現在似乎又面對著完全符合、令人振奮的新資料，「我認爲答案就在這些資料當中。」

雖然凜冽的冷風吹襲著光禿禿的樹枝，鮑伯還是衝到人行道上，走過一條又一條的街道，思潮起伏：影像中間部分高出海底大約三十呎，不正是引擎間嗎？影像兩邊球莖狀的硬物，不正是兩個側輪嗎？但是這樣的結論會不會太匆促？步調應該緩一緩，也不該這麼一廂情願。可是鮑伯又忍不住認爲，「銀河」已經不是唯一的目標了。

回到辦公室時，湯米和巴力都忙著講電話。鮑伯回到電腦室，打開電腦，對著影像狐疑著：「會不會眞的只是地質特徵呢？」

當天傍晚，鮑伯把巴力帶進他的辦公室，打開電腦，把他的看法告訴巴力，並且解釋影像上面的量度。巴力認同他的說法：「這個比『銀河』大得多。輪廓大約可見，還可以看到兩邊的側輪。」

鮑伯還是以幾個月來克制、低調的口氣說：「我只能說，就已有的資料而言，這個現場符合『中美號』的特徵。它像是木殼的殘骸，中央是引擎室，還有煤炭。」

第二天，鮑伯再度詳細研究影像，量度每個長度、寬度和厚度。仔細記錄之後，他又把「銀河」的各種數據列在旁邊，做為對照。

他詳細比較兩處的影像，發現「銀河」的色調相當一致，而新發現的這張則否，顯示內容物件比較複雜。他用拍立得相機把兩處的影像各拍了四張，送給湯米：「這是『八六』和『銀河』的資料。『八六』發現了奇異現象。」

湯米一看，記得那就是一天清晨五點，克拉夫特把他叫醒觀看的地點。當時克拉夫特把它取了「地質」的代號。湯米一看，揚揚眉頭，點點頭，就把圖片鎖進抽屜。鮑伯說：「他跟我一樣，非常珍視這些資料。」

後來湯米告訴鮑伯，幾乎所有的特徵都能符合，然而不是連專家都上過當嗎？深水載具已經取得一些深海沈船的資料，可是聲納影像的判讀仍然沒有把握。湯米說：「我只能說，『銀河』不再是九〇%的目標了，因爲我們獲得了新的資料。」由於新現場和「銀河」相似之處很多，也因爲它們都不同於其他現場，所以湯米另外爲它取了一個代號：「銀河二號」。

湯米和鮑伯坐在電腦螢幕前掃描、放大、變換顏色，仔細檢查「銀河二號」的資料。希望從各種不同的角度，取得所有可能的資料。他們用盡了所知的一切電腦程式，探討各種可能的意義。有一個地方，雜物實在太多，簡直就像兩條沈船疊在一起。

湯米之所以專找深海沈船，這就是原因之一。在深海海底，兩艘沈船重疊的機會少之又少，幾乎可以忽略不計。湯米認爲那絕對是同一艘船的殘骸碎片，「接下去的問題就是：我們該怎麼辦？」既然有了兩個目標，所需的探勘方法各不相同，一九八八年的工作計劃應該如何擬定呢？煤炭需要清除，木頭需要移動，可能還需要更多的聲納探測工作。湯米終於決定兩處現場平行進行。

「銀河二號」離岸近了四十浬，因此與其在捷克森維爾港外測試裝備，不如直接到二號現場測試，即使不幸沒有任何收穫，至少也有助於對「銀河」的了解。

進行一九八八年的工作，需要一艘工作船。在湯米的心目中，這艘船除了該有的功能之外，必要時，還必須能夠保護工作現場。如果他們自己擁有一艘工作船，不但支配方便，可以爭取時效，船員們也不必在每一個工作季開始時，就必須重新適應一艘新船。

湯米和部分股東商討自行購置工作船的可能性，並且指派克拉夫特調查適合的船隻，探詢船東的價碼，改裝費用，以及在六月一日完成改裝、出海工作的可能性。

股東寇克在十二月向湯米表示，願意購買一艘工作船，以最低的租金租給湯米，如此一來，湯米可以省下一筆資金，進行別的工作。雅士比非常贊同這個建議，所以湯米要求克拉夫特加速進行採購工作。

二月，克拉夫特找到了「北極漫遊者號」。這艘船沒有後工作甲板，前甲板也不大，但實驗室、艙房、儲藏室都合乎理想。唯一不理想的地方是，船身不夠大。克拉夫特的理想船身是長二百呎、寬五十呎，這艘只有一百八十呎長、三十三呎寬。但最後還是以十六萬七千美元成交，稍加整修之後，立即開回捷克森維爾港上游的綠泉灣，進行改裝。

克拉夫特和柏林漢帶領各種機匠工作了兩個月，把「漫遊者號」改裝成為深海打撈工作史無前例的高性能船隻，並重新命名為「北極發現者號」。而船隻改裝工作進行之時，穆爾和史格特也帶著一群技術人員，在哥倫布市不眠不休地趕造水下載具。

預定六月初出海的計劃，因爲載具推進器製造商的耽擱，直到七月中旬，船隻還在港內。穆爾趁著這個機會，大大加強載具的照明、光學功能、活動性，以及操作能力。

工作人員兵分兩路、日夜工作的同時，湯米也馬不停蹄地尋找投資者。寇克出資購買工作船，爲湯米減輕了不少的資金壓力。五月間，吳爾夫投資了一百萬美元，但出海工作的資金仍然沒有著落。吳爾夫的投資起了一點帶頭的作用，除了老股東再出資一百五十萬美元，他們又另外募集了一百萬美元。到了八月，湯米有了新募的三百五十美萬元，加上原來的結餘，足以應付整季所需。但是工作計劃已經整整耽擱了兩個月了。

八月十日，水下載具運到捷克森維爾，萬事俱備，只欠東風——推進器。八月十四日，原先答應五月交貨的推進器總算運到，大家都已等得怒氣衝天。八月十九日，「北極發現者」到達捷克森維爾，再停留一週進行裝配、調整，並和電腦連線。這時許多股東已經相當焦慮，不肯容忍任何拖延。湯米迫不得已，只好決定帶著尚有瑕疵的推進器出海，希望到達現場之前，能夠完成調整。

柏林漢已經學會如何收放，所以克拉夫特不再陪同出海。這時已是八月底了，大西洋適宜海上工作的天氣已經不多了。

「北極發現者號」一九八八夏末

「北極發現者號」於八月二十八日晚上，沿著聖約翰河順流而下，航進大西洋，朝著「銀河二號」前進。一場熱帶風暴剛剛過去，海浪仍大，但空氣清涼宜人。「發現者」的航海性能良好，又因爲有圓形的船頭，航行平穩，深受水手喜愛。三十日清晨，柏林漢測試了新裝的動力定位系統，結果令人滿意。下午，他們施放了一萬呎的纜繩，順便鬆開纜繩紐結；收回時，纜繩纏繞得緊密均勻。午夜時刻，裝好前推進器，然後朝幾浬外的「銀河二號」前進。

第二天，風和日麗，「發現者」在銀河二號附近游巡，工程人員繼續調整水下載具和推進器。由於天氣的關係，工作必須在九月底以前結束。他們必須埋頭苦幹，因爲一開始進度就已經落後太多。接連三天，他們完成了甲板裝備和器具的準備和測試，準備首次施放水下載具。左舷的載具施放臂重四噸，高十呎，是甲板上最大的裝備。一天早上，正當泰德爬上施放臂，準備把多寧用起重機舉起的四百磅重滑輪掛上時，突然想到忘了帶鐵絲，又爬了下來。就在這時，整個滑輪掉了下來，撞壞一個活塞，彈回甲板，砸壞所有的燈光，還把天花板撞了一個破洞。

這正是柏林漢所擔憂的。再怎麼仔細準備、防範，總有百密一疏的時候。原來控制伸展臂的桿子生鏽，插在下降的位置，多寧一打開電源，整個伸展臂立刻往下掉落。要不是泰德已經下來，當場就會被八千磅的鋼鐵壓成肉餅。

九月初，「發現者」還在測試現場游巡；工作人員在甲板上測試載具、電子和水壓機的線路和電腦功能。這次已經不是應急的水下載具，而是湯米所謂的「完整載具」了。這個機器人能夠長時間在海底工作，探勘和記錄，然後選取物件帶到水面上來。第一次測試時，天氣良好，海面平靜。鮑伯寫給新婚妻子的信中說：「技術上仍有困難等待解決，載具尚未下水。天氣一直很好，希望不必把這麼好的天氣都用來調整裝備。」

第三天，風速從微風轉到十五節，海浪也達到三呎，颶風來襲。九月五日、六日兩天，風速高達五十節。柏林漢站在吃水線上二十五呎的舵輪室，船邊的浪花衝到腳踝的高度。用四條纜繩固定在甲板上的載具，幾次因爲海浪的衝撞而鬆動，迫使他們冒著強風，以十二條帆布條加以固定。

大西洋的秋天已經來臨，以後的風浪將會更大，歷時更久。這次的颶風，兩天後逐漸減弱，但仍然無法施放載具。再過三天，浪高只剩三呎，風力也減弱到十節以下。尋找「中美號」的時間只剩三週左右，一旦天氣轉壞，就只有等待來年了。

一九八六年搜尋「銀河二號」時，聲納專家認爲它只是地質特徵，沒有記錄精確的地點。鮑伯手上只有一張從一個角度拍攝的高解析度影像。而當時水手開始記錄位置時，他們租用的「松川號」已經通過目標，所以不但照片角度傾斜，連聲納的正確位置都不能確定。幾天之後，當「發現者」開始沿著搜索線前進的時候，鮑伯必須提供精確的位置，好讓載具在二十呎的範圍內通過。

發現「銀河二號」之後，鮑伯就一直思考如何確定目標的位置。他利用已知的數據，加上猜測的數目，仔細研究了幾個月之久。他利用三角和幾何，算出拍攝「銀河二號」時，聲納應該是在船後一八三五公尺的地方，再進一步算出當時的船隻座標。如此反覆計算，逐一算出相距一六〇公尺之內的幾個座標，畫出橢圓形的可能範圍。

船上只有湯米、鮑伯和巴力三人心知肚明，其餘的人都以爲他們還在前往「銀河」途中，目前只不過是測試地點而已。穆爾的解釋是：「我們要等到確定能夠進行工作時，才會前往煤堆。」事實上，他已經知道，湯米對新地點的興趣遠大於其他地點。

九月十日上午，風勢平息，海浪不到兩呎。柏林漢以爲當天可能施放載具，但湯米沒有任何指示。當天午夜的航海日誌寫著：「仍在待命之中。」

十一日上午十一點半，載具順利放進海中。在等待它到達海底的一個半小時之間，大家吃過午飯就聚集在控制室。控制室地方不大，天花板很低，裝了隔音板；室溫維持在華氏六十度到六十五度之間，以防電腦過熱；三邊的牆壁從地板直到天花板，都是電腦、螢幕和顯示器。位於正中的就是史格特的新測速系統，可以記錄所有的電腦資料，綜合整理海底收到的資料、圖片以及錄影畫面。利用這個系統，可以輕易叫出先前儲存的資料。下午一點三十三分，海底的畫面出現在螢幕上。

兩點過後，載具的各個系統都已檢查完畢，開始搜索第一號線。聲納的搜尋範圍廣達一百公尺；如果遭遇目標，影像先在聲納螢幕出現，三分鐘以後，載具通過目標，它的尾端將再出現在攝影機上。

去年夏天，他們花了三天搜尋十二條路線，才終於看到十五呎外的船尾部分。現在使用的儀器，光線較強、靈敏度較高，他們希望很快就能發現目標。然而事情還是發生得太快，大出眾人意料之外。搜尋工作開始不到一個小時，穆爾發現左舷部分出現一些小目標；大家開始執行各自的工作。目標越來越多，穆爾大聲叫出方向和大小；史格特趕忙記錄。穆爾又大喊：「聲納有了接觸……越來越多，這回是眞的接觸了。」

史格特一面盡速記錄，一面和柏林漢注視著螢幕上的影像。穆爾急促地報出目標的形狀、大小：「啊！大目標！這回可是千眞萬確的了。」

螢幕上出現了三個白色小物件，就在沈積層上方。穆爾說：「是人造的物件，好像是個碟子。這麼大的區域，居然第一次就有發現。」穆爾開心地笑了出來。

湯米問他：「看得到一百公尺外的情形嗎？」穆爾回答：「沒辦法。現在是六、七十公尺的距離，我要確定沒有遺漏任何東西。」

突然之間，一個圓形的陰影出現在螢幕的左下角。有人大叫：「快看！快看！」

多寧大叫：「哇啊！哇啊！」湯米也大叫：「天啊！」

事情發生得太突然，大家都沒有心理準備，七嘴八舌，你一句我一句地說個不停。穆爾大叫：「大家都知道那是什麼。」螢幕上的爛泥堆中出現了一個側輪，金屬輪輻從中央往外延伸，還有一堆扭結的鐵堆；這一切的陰影都投射在海底的沙堆上。

這時鮑伯要穆爾趕快拉起載具，根據他的計算，再過幾秒，載具將會撞上聲納影像上的物件。鮑伯說：「事實上，你正在通過差不多十公尺高的目標，必須拉高載具。」

載具一拉高，一塊鑄鐵製造的曲柄的白色影像出現在載具下方兩呎處，位置就在側輪中心往上延伸三十呎高的軸幹尖端。穆爾大叫：「好險！」

右舷側輪的傳動軸從船身正中央往上伸出，差點就碰到載具。海床上面有個像是老式電風扇罩子的東西，其實就是右舷側輪；其鐵質的輪輻由中間往外伸出，木頭部分消失不見。載具緩慢前進時，可以看到輪子的陰影像蜘蛛網般地投射在海床上。

大家都知道，不管史格特、鮑伯、穆爾他們的技術如何高超、精湛，第一次搜尋，就以深海相機找到目標，前所未有，這比中了俄亥俄州彩券大獎的機率還小。

穆爾說：「最激動的時刻是通過側輪的時候，因為這是全然的意外，毫無徵兆。」湯米立刻處理這些突如其來的資料，加以分類。去年探勘「銀河」所得的教訓，嘲弄多於經驗。雖然藉著幸運之神的眷顧，找到了連小學生都可以確定是沈沒一百多年的「中美號」，可是他不敢那麼自信，他已經養成不停疑問、不停探討的習慣。湯米還知道，在估算出來的可能範圍中，還有另外一條側輪汽船的殘骸。那個現場也不該輕易放過。短暫考慮之後，湯米宣布：「我們應該進行原先討論過的步驟了。」

史格特要求船隻轉頭，停在目標區的正中央。穆爾操縱推進器，讓載具繞到右邊，照亮了左舷的側輪，觀察這個直立的龐然大物。原先看到的右舷側輪，往外伸向海床；左舷側輪雖有崩塌的現象，仍然緊靠船身左邊。

湯米全神貫注，很少開口，但還是忍不住說：「這些影像眞的太棒了。」

這時他要求穆爾小心降低載具，以便來回勘查。穆爾讓載具在目標上方，往東西南北各十公尺的範圍來回巡梭，總共費時四小時。

船身中部就像白雪覆蓋的廢車場，冷寂、肅殺，像是一堆堆的破車，四周圍著灰色、飽經風霜的籬笆，埋在一兩吋厚的積雪之下。這堆物件當中，有老引擎、鍋爐、水箱和機件，上面有一兩吋厚的沈積層。船身纖長、黝黑，甲板布滿綠鏽，從船頭到船尾的舷緣紅線都已剝落。網狀的桅繩、船帆、大引擎和活塞不是雜亂堆置，就是消失不見。在白色的背景中，藍黑色的線條交互纏繞，奇形怪狀的破碎物件凌亂地堆疊。當載具緩緩通過目標上方時，錄影機傳來物件上方的情況。這些物件在去年的搜尋時，只能假定可以在下面挖到，如今都清楚顯現出來。去年因為缺乏經驗，不知沈沒一個半世紀的木殼船外表如何，所以對於符合日期的雜樣物件的重視程度，超過側輪和鍋爐。如今一切突然發生，大堆扭曲的金屬散布在兩個巨大的側輪之間，種種跡象都顯示這是一艘大客輪。當時鮑伯看到影像時的感覺，在此時證明正確無誤。在「銀河」幾個月的辛勞工作，發現的物品雖然不能證明就是「中美號」，卻也沒有足以反證的物件。如今，只在幾秒鐘之間，經過迅速檢視之後，已經能夠確定「銀河」不再是目標了。

這次勘測結束時，控制室恢復平靜。載具表現一如理想，定位系統也很稱職，還發現了「中美號」的殘骸。幾小時前，他們還有種種疑慮：載具能夠正常操作嗎？能夠找到現場嗎？還要多久才能前往「銀河」挖煤呢？突然之間，情況大變。四個小時的探勘過後，湯米宣布：「看到側輪令人信心大增。問題是，我們該如何向世人說明？」

過去一年來，湯米遭遇了資金、股東、技術、競爭者的各種壓力，已經筋疲力竭。爲了應付這些紛至沓來的問題，他已經焦頭爛額，根本沒有餘暇考慮第一次就找到殘骸時，接下去的工作應該如何進行。何況這個消息必須愼重處理，不能隨便外洩。如果這眞的是「中美號」，那麼價値幾億美元的黃金必定引起旁人覬覦，做出瘋狂的行爲。另外，當「發現者」返港，要如何防止參與機密的二十名工作人員洩密，也將是一大難題。所以湯米先開誠布公地跟工作人員解釋，要求他們保密。後來他說：「我要求他們保密，雖然不是容易的事情，但他們都做得很好。」

於是船長柏林漢和水手不再踏入控制室。只有工程人員關在裡面，尋覓上一世紀留下的黃金。水手們的保密責任固然不輕，技術人員的責任更是沈重。

第二天上午，他們整天調整載具，準備更徹底的探勘現場；勘查引擎，拍照，檢查船錨和前甲板，在定點抛下五呎測量杆。

傍晚八點半，載具再度下水，十點鐘左右到達海底。一百三十一年前的今天——九月十二日，「中美號」沈入海底。船上乘客早在船隻撞擊海底以前就已死亡，屍體腐爛，隨著海流逐漸漂走、消失。船隻成了唯一留下的幽靈，靜靜地躺在陰暗的海底，任憑歲月侵蝕。寂寞單調的海底環境，和一八五七年的爆炸、喧囂、呼喊的混亂情況，應該是極端的對比。

十點半，螢幕上出現目標，錄影機也照出現場的影像。穆爾仔細避開三十呎高的傳動軸，操縱載具檢查引擎間，載具的燈光從六呎的高度往下照射。

「中美號」約有四層樓高，長達三百呎。整個結構往下崩塌，右舷塌下壓住左舷，剩下的兩支桅杆也已倒下。厚厚的杉木船樑都已腐蝕穿洞，甲板大都消失不見，支撐用的樑木也都消失。豎腋板還在，但也都破損不堪；鐵製的索環也都鬆掉，散落在船邊。

中心部位的引擎間，生鐵部分已經碎裂，加上旁邊一堆生鏽的鐵塊，更顯得殘破不堪。穆爾一邊注視螢幕，一邊說出部位的名稱，但在一旁的鮑伯一竅不通，無法了解。

他們繼續搜尋中間部位，想要確定引擎，以便確定是否為另外一艘船。在「銀河二號」西方大約一百浬附近，也有一艘側輪汽船沈沒；兩艘船的大小相差不多，唯一的分別在於另外一艘只有單引擎，而「中美號」有兩部擺缸引擎。仔細研究引擎間之後，鮑伯看不到單引擎的跡象，卻看到了雙引擎的碎片。

接著，他們又從中間逐漸往西南朝著船首前進。到了午夜，他們還在可能是舵輪室前端的上方搜尋。當年在暴風雨之中，二副詹姆士奉命砍掉舵輪室的前端，位置就在前桅附近。在淤泥和豎腋板堆中，他們發現了兩根直線形的支撐管，各有兩個相反方向的汽缸；這兩根管子平躺在海底，上面覆蓋了一些淤泥。鮑伯判斷它們是汽笛。

這時密勒特（Milt）指著螢幕上的一個東西，要多寧注意。經過近距離拍照和反覆討論之後，大家確定那是一個鐘，上面刻有銘文，只是字跡模糊難辨。湯米不肯移動那個鐘，甚至於可以憑它確定這艘船就是「中美號」，也在所不惜。湯米一定要等到完整了解現場，確知可以從何處安全動手，才肯移動任何物件。

接著一個小時，他們進行階梯式的搜索，每次十公尺，朝各個方向移動。到了船首時，船首桅杆上伸的位置無法確定，因為整艘船碎開，就像是打開的書本。

凌晨三點，探勘工作結束，收起載具。第二天，又探勘了七個小時；分別在鐘、引擎間和左舷船首的位置放了三支測量杆。這次搜尋，仍然沒有碰觸任何物件，只是錄影和拍照。

初春的一個下午，鮑伯突然想到「中美號」最後一刻的景象：旅客們絕望瘋狂地大灑金幣和金沙。想像中這些金幣和金沙隨著船隻盤旋沈沒捲起的漩渦噴射而出，最後散布於船隻周圍。因此鮑伯推定，如果它眞是「中美號」，那麼在這些呈羽毛狀排列的雜物堆中，一定可以找到黃金。

鮑伯參酌一些文獻，推斷除了正式運載的黃金以外，船上旅客私自攜帶的黃金約有百萬美元之譜。依當時黃金每盎司價值二十美元計算，大概有五萬盎司之多，且大多是金幣。粗略估計，其中約有一〇％是金沙，大約是五千盎司。這些金沙顆粒極細，大概要八千顆才有一立方公分的體積；算出五千盎司黃金的體積之後，再乘以八千，則金沙約有一億顆多。因此，鮑伯認爲極有可能在挖起的淤泥當中發現黃金。他把這個想法告訴湯米的時候，湯米笑了出來，認爲是天方夜譚。

九月十六日施放載具，完成船首部分的全部拍照工作，探勘右舷外側的雜物堆，同時檢查前甲板，尋找鐘形物件旁邊的降落地點。工作從過午開始，直到午夜；除了拍照，還撈起四個瓶子和一個碟子。撈取的過程中，傳動軸裡面塞進了一些淤泥。

清晨五點，收回載具，取下瓶子和碟子之後，鮑伯小心翼翼地取出傳動軸中的部分淤泥。他把淤泥放在培養皿中加上鹽酸，溶解沾附其上的雜質；然後用顯微鏡仔細檢視皿中殘餘的物質，但毫無發現。正當準備放棄時，鮑伯發現了一顆極小的發光粒子。於是邀來湯米和多寧一起研究，終於確定是黃金無誤。鮑伯再仔細檢查培養皿，又發現了十二顆。

九月中旬，天氣逐漸轉壞，探勘工作繼續進行。先完成高處的錄影和拍照工作，然後選取地點，進一步勘查和分析。接著逐漸降低高度，直到可以看清物件輪廓的程度。最後完成了整個探勘記錄的工作，選定開始尋找黃金的地點。

接下來的五天，載具頻頻出現狀況，直到九月二十二日，才再正常運作。他們從船長室開始，沿著駕駛艙直到船首，逐一詳細拍照；船長室、駕駛艙、前桅杆的基座都已消失不見。殘骸中，出現了一些瓷器和洗臉盆的影像，但由於是從十五呎上方拍攝，螢幕上的影像仍然不夠清晰，看不清細節。他們在左舷船首附近發現了一個像鐵櫃的東西，馬上聯想到保險櫃。於是放低載具，仔細觀察；其中有的長達十呎，多數都連有金屬管子，湯米判斷應該是船上的淡水箱。

載具外移五十呎繼續尋找時，他們又發現了一只皮箱和白色茶杯。

以多寧多年探勘沈船的經驗，從未見這麼怪異的景象。他說：「這情景有點像是霧中的倫敦車站月台。有人坐在皮箱上喝茶，火車進站時，他匆匆放下茶杯，急著上車，連皮箱都忘了帶走。」

他們對於櫃子或盒子最感興趣，因爲在老式的故事裡，黃金都裝在桌子大小的櫥櫃中。事實上，這麼大的櫥櫃如果裝滿黃金，重量將有幾千磅，十個人都抬不動。幾百磅重的黃金可以輕易塞進一條麵包大小的容器之中。

鮑伯心想，茶杯旁邊那個皮箱體積不大，應該是用來存放貴重物品。他要求穆爾儘量接近，仔細觀察。皮箱的把手掛有名牌，只是名字被淤泥遮住，無法辨認。穆爾利用推進器輕輕碰觸皮箱，箱子突然打開，又緩緩合上，裡頭放著整整齊齊的衣物。鮑伯說：「合成的東西在這種深度居然能夠保存不壞，顯示了一些有趣的可能性。」

他們再從不同的角度拍攝一些照片，然後讓它安靜、孤單地躺在永恆的黑暗之中。

海上的天氣越來越壞，風浪越來越大；適宜工作的良好天氣所剩不多。單調的海上生活，也讓工作人員的神經繃緊到了極點，情勢緊張到非得湯米出面處理不可，同時他也得保護股東的利益，所以不肯放鬆安全措施。他說：「這不是信任問題；這是對於所知情報的責任問題。」

每次載具撈上東西的時候，所有無關的人員都必須迴避，連守衛也不例外。然後由鮑伯打開載物箱，取出物件，直接進入實驗室研究和分類。

到此爲止，載具下水八次，其中兩次失敗；主要都在探勘海底情況、搜索沈船上方和拍攝照片。所拍的照片立刻由多寧和密勒特沖洗、晾乾。靜態的照片較諸監視螢幕的影像距離較近，畫面更加清晰詳細。對於現場的了解，主要就靠分析這些近距離的照片。「中美號」長兩百七十八呎，寬四十呎，高約三十呎，原是個龐然大物；現在的殘骸現場，涵蓋面積大約有十英畝以上。原來就是複雜無比的東西，又牽涉了複雜無比的變化過程：腐蝕、生物的破壞、重力作用、海流的作用，加上時間又長達一百三十多年，情況更加複雜、棘手。黃金在哪裡呢？

載具越放越低，一波波的新照片透露了另一個世界：更加清晰、更加生動、更加詳細，不再是被冰雪掩埋的廢車場了；它成了沙漠中的綠洲，是人類文明的殘骸創造的，卻由深海的生物居住。

當載具在木料和它們的陰影之間遊走的時候，技術人員能夠分辨散布的各種物件：木頭碎片、破碎陶器、瓶子、肥皂盒、鐵架、木板、銅質護套、洗臉盆、煤團等等，五花八門，難以盡述。在骨幹和橫樑之間，海牡丹隨著微弱的海流飄揚，烏黑發亮的海膽、綠色的海綿棲息在殘骸之上，一小簇一小簇的白色珊瑚到處散布，不時還有奇形怪狀的海魚游過。

現場聚集了深海的管狀海蟲；一百多年來，木頭都被牠們挖穿而崩塌、消失。只是光從外表觀察，不能判斷殘存的樑木和豎艙板內部是否已經掏空，或尚有支撐力量。

九月二十三日下午，載具再度下水，對一些較有可能的位置拍攝不少近距離的照片。然後來到船鐘的位置，拍攝了各種角度的照片。鐘的上下兩端都刻著文字，但只有「York」一字能夠辨認。鐘的高度居然超過二十四吋，多寧對於船上放置這樣的大鐘深感意外，百思不得其解。這時已是凌晨三點半，如果把鐘撈起，到達水面之時已是白天。湯米決定暫時把它留在原地，他不願讓旁人看到。

這段期間，由於受到物件的顏色、形狀和質料的影響，他們曾經多次判斷錯誤。煤團、木塊都曾看成酒瓶、硬幣或金塊。有一次，他們以爲發現了一塊金磚，但載具的爪子一碰到它，馬上整個溶解消失；他們判斷極可能是一塊防火磚。鮑伯說：「以爲發現了黃金，後來卻證明不是的時候，眞會令人捉狂。」

檢視九月二十三日拍攝的照片時，密勒特發現前所未見的現象：一連串的淡黃色小亮點，似乎是載具的燈光照射到金屬的反光，位置就在崩塌的甲板下方。他把發現告訴多寧。密勒特常有這種發現，所以每次檢視新照片的時候，大家都會跟他開玩笑：「密特勒，這次你又有什麼新發現？」可是船鐘就是他發現的，而且那張照片的背景複雜，照明不佳；多寧認爲，密勒特已經培養出利用平面照片判斷立體物件的慧眼。兩人仔細研究很久之後，多寧說：「看起來眞像黃金。太好了，像是一堆堆的金幣。」

看到這些照片的時候，湯米已經擬好當晚的工作計劃，無法更改。當晚的任務是撈起船鐘；等下次載具下水的時候，再到發現光點的位置詳細拍照。

當晚九點半，載具到達船鐘旁邊的海底，花了四十五分鐘，把船鐘弄到載具的籃子裡面，然後拉上。湯米要甲板上的人員全部迴避，用防水布把船鐘包好，小心翼翼地從籃子裡面取了出來。經過沖洗、輕微擦刷以後，搬到實驗室。船鐘體積太大，全由青銅鑄成，寬兩呎、高兩呎半，約有兩個成人的重量，他們卸了兩處門框，才達成任務。

這時總算看清鐘頂的製造商——「摩根鐵工廠．紐約」（Morgan Iron Works New York）。這家鐵工廠正是鑄造「中美號」引擎配件的廠商。鐘上年份只看到5的一半和後面的3；「中美號」就是在一八五三年以「喬治法律號」爲名下水的。

兩週以前，他們看到側輪和引擎間的時候，這個地點就是「中美號」的可能性大增；接下來的勘查、研究輪廓、鮑伯尋獲金沙等，都使他們更有信心。現在又撈起了船鐘。可是湯米認爲環境證物都還不足以滿足股東。根據船鐘，幾乎可以確定殘骸就是「中美號」無疑，可是它不是黃金，而股東要的是黃金。

撈起船鐘的第二天，天氣不如理想，仍然可以進行工作；但是由於等待零件的關係，沒有施放載具。大家都勸湯米在下次任務時，增加拍攝光點位置照片的時間。湯米也認爲這個地點値得仔細勘查。

翌日天氣轉壞，載具放在甲板待命。九月二十七日，天氣仍然不好，可是載具還是在上午九點半下水。它首先在船的龍骨和船舵拍攝一百七十二張照片，接著拍攝發光位置的照片。該處的木頭多已腐爛不堪，輕輕一碰就可能倒塌，只能小心翼翼地把相機逐漸移近，從十二呎到七呎、六呎，最後移近到五呎。密勒特開始拍照，同時旁人注視著螢幕的影像。湯米指著螢幕上的東西說：「就是這些發亮的東西。它們都是我們來此的……」他突然音調一變，說，「哎呀！你們快看！鮑伯，你看是什麼？」

鮑伯回答：「難說啊，在這種地方，外表會騙人。」

這時載具就在橫樑正上方兩呎的地方。控制室一片寂靜，大家全神貫注地注視螢幕、仔細研究，想要找到東西。然後載具稍微左轉，照相機對準的地方出現一些灰色的短線，像是覆蓋著灰塵的磚塊。密勒特又開始拍照，穆爾則激動萬分：「這些確實是磚塊。至於是火爐裡的還是鍋爐裡的，就難說了。我還要仔細看看。」密勒特總共又拍了四十三張照片，工作才結束。

翌日午前，大家準備施放載具的時候，多寧也開始沖洗照片。最初三卷曝光過度，看不到影像。拍攝的時候，多寧就知道相機出了毛病，可是他希望總有幾張可以洗出正常的照片。看到這種情形，又想到所剩的時間不多，拍攝照片的機會也越加寶貴，實在浪費不起，令他又生氣又沮喪，乾脆放下工作，去吃午餐。餐後，他繼續沖洗右舷照相機拍攝的底片，還好曝光正常。十五年來，多寧看過無數的海底物件，在海事博物館也看過無數船上使用的器具，可是這一切，都無法和他即將看到的相比。

「它……它……鋪滿了黃金！難以置信！難以置信！太令人興奮了……拍到了一堆金子。照片太棒了，一目了然！太好了！太難相信了！一大堆黃金！……其他的照片也一樣，一堆一堆的金子。不是開玩笑的，整個區域都是大小不一、一堆堆的金幣和金磚。」

多寧拿著五呎長的底片，兩步跨做一步衝到通訊室找湯米和巴力。進去之後，立刻把門鎖上。湯米看過之後，喃喃地說：「棒啊！沒想到……」然後就是一聲歡呼。

多寧說：「天啊！好高興！我們正在世界頂端！我們做到了！找到了！」

湯米警告多寧，要他嚴守秘密，保持鎮靜，不要在言行之中露出口風，引起懷疑。

湯米興奮、激動，如在雲端；可是處理這個發現，必須出之以負責的態度。然而多寧還是迫不及待地偷偷告訴鮑伯，要他利用工作空檔到實驗室去看看照片。

接下來的三天，天氣不好，載具無法下水工作。湯米和鮑伯利用機會研究前後拍攝的照片，想找出可以讓載具接近拍照、撈取黃金的恰當位置。載具運動時，留下的痕跡是四呎寬、十二呎長，所以恰當的地點應該是兩邊都寬出幾呎的空間。但是黃金位於中心部分的邊緣，殘餘的木料橫豎交錯，有的還往上突出，好像輕輕一碰就會崩塌。

接連幾天，天氣不好，到了十月一日，浪高五至八呎，風速二十到二十五節，但他們還是在上午施放載具，拍攝新稱爲「加州銀行」這個地點的黃金。湯米要求最佳品質的近距離照片。

載具到達選定的拍攝地點，旁邊好像是一大堆黃金。金幣和金塊上面都覆蓋著沈澱物。穆爾把前推進器朝向下方，噴出水流，沖走上方的沈澱物。幾分鐘以後的景象，超乎任何人的想像。

「海底鋪了一層黃金，到處都是黃金，像是盛開的花海。它們從各種物件中間溢出，塞滿了木頭和橫樑。較遠的地方，金磚鋪了滿地，像是一條一條的麵包，還有部分滑落到艙房的角落裡。到處都是金磚，堆成各種形狀；一塊樑木上面都是金幣，幾乎看不出是木頭。」

深海生物像是哨兵般守衛著這個寶庫。那個景象充滿著生氣，然而又像一張照片：一堆堆的黃金，仍然保留著下沈時黃橙橙的顏色，周圍都是從一八五七年就認識的鄰居。多寧說：「黃金太多了，有的發出耀眼的金光，有的朝你眨眼，有的微帶紅色，太美了。絕對錯不了的。我要把它們都撈起來帶回家去。」

許多金磚互相堆疊，高達三十呎，就像剛剛倒塌的建築物；平放的、堆成煙囪狀的、直立的、相互堆擠的。還有單獨的金幣、堆積的、堆成柱狀、散開的、被鐵鏽染成橘紅色的。除了一隻龍蝦從金幣堆中爬過之外，整個景況寂靜之至。

穆爾開玩笑地說：「看看這些他媽的防火磚。」

密勒特看到一簇海牡丹在柔和的水流中輕輕搖擺，看守著一堆金磚和金幣，他說：「看起來眞美。」

另外一個地方，簡直就是金幣堆成的高塔；共有八堆金幣，每堆二十五個金幣，全部結合在一起，以六十度角向上延伸。

鮑伯說：「好美啊！」

多寧也同意：「眞的好美！」

幾天的辛勤工作，就可以把所有的金磚和大部分的金幣打撈上來。湯米希望先把整個現場詳細拍照、記錄，然後仔細記錄每一塊金磚、每一個金幣的撈取過程。

載具的正前方幾呎處，就是湯米想要拍照、錄影的現場。載具上裝了旋轉基座，不必移動載具就可以全部拍到——從金幣塔到一堆倒塌的金幣堆，再到十吋高的金沙堆，堆上還有兩條小金錠。湯米指揮拍攝，穆爾旋轉載具，收放照相機的滑輪，密勒特調整光圈和速度，選取不同的拍攝角度。當照相機掃過金堆的時候，大家目不轉睛地注視螢幕。拍攝過程總共兩個小時，沒有碰觸到任何金磚或金幣。

正午剛過，載具就又下水。湯米先要穆爾拍了幾張照片，才指示他開始打撈第一個物件。他總共打撈了六件，這六件都是每堆邊緣地帶的金幣或金塊，分別放進編有號碼的塑膠盒子裡面。

接著湯米指示穆爾拍攝一個金堆的照片，這一堆大約有二十塊建築用磚頭大小的金磚。鮑伯說：「眞是令人心動。我們都是爲了這些而來的。」當初密勒特在照片上看到的微弱光點，現在都成了如假包換的金幣，發出耀眼誘人的光芒。接著照相機對準了一百多個硬幣疊成的三角錐，其中一個硬幣的反面朝上，上面的「美利堅合衆國」字樣清晰可見；中間是一隻老鷹和太陽的光芒，老鷹的上面有十三顆星星，下方環繞著圓形的邊緣，刻著「二十美元」；上面有個S，代表舊金山鑄幣廠。

「看那老鷹，那就是最迷人的誘惑，」鮑伯忍不住感嘆。穆爾再把相機拉近，金幣上面先是出現18，再移近大約兩吋時，發現一個正面朝上的金幣，跟全新出廠的一樣，毫髮無損，金光閃爍。自由女神的卷髮垂到頸部，周圍圍著十三顆星星，頭髮下方，清清楚楚的印著「1857」。附近方圓三十呎之內，鋪滿了這樣的金幣。

多寧認爲，他已在人類尋寶史上締造了空前的記錄：在單一地方，看到最大量的寶藏。湯米則考慮，這是拍攝這些寶藏原封未動的最後機會，應該儘量多拍。多寧完全同意，又以各種可能的角度、不同的照明，拍攝了大量的照片。之後，穆爾夾起一塊金磚。接著電腦出了毛病，他們才被迫停止工作。穆爾利用最後的機會，撈起載具正前方的八枚金幣；至此總共撈起二十七件黃金。經過編號，分別放在塑膠盒子裡面；存放以前，都拍攝十張以上的照片。

載具拉上以前，湯米照樣驅走甲板上面不相關的人員，然後從儲物櫃裡取出這些黃金，帶進他的實驗室，鎖在抽屜裡面，並且禁止任何人進入實驗室。

湯米指定鮑伯全權處理這些黃金，頗令旁人憤怒不平；但是湯米認爲這樣責任歸屬才能確定，並且能夠保證記錄的完整可靠。

翌日上午，工作人員分解水下電腦，換裝前一日晚間運到的新零件。密勒特搭乘補給船上岸，回到南加州大學教書。當天傍晚，風浪都大，湯米取消了施放載具的工作。

十月六日上午十一點半，再度放下載具。工作開始一個小時之後，天氣轉壞，海浪開始洶湧。

在布滿黃金的西南角落，有一堆排列成爲完整長方型的金錠。湯米先要把這堆黃金和周圍情況完整的拍照和錄影。距離、角度、燈光都經過仔細計算，以保證相片洗出後，看起來像是照相機沿著一條直線拍攝的。

快五點時，湯米要穆爾把編有號碼的塑膠盒取出，排列在金堆旁邊。這麼做是要在伸展臂接觸到物件之前，就加以分類。

夕陽快下山的時候，柏林漢注意到天氣已經轉壞。不久「發現者號」就遭到濁浪的衝擊，船頭上下搖晃起伏，前甲板上的遮蓋帆布被風吹得震盪作響，氣溫遽降。他立刻通知控制室的湯米。

湯米沒有理會這個警告，繼續工作。他既想撈起大量的黃金，又想仔細記錄。他們已經完成了全景拍攝，照了一百二十五張優質照片，可以完整呈現整個現場。到了六點，又撈到七個物件。穆爾操控推進器噴出水流，利用相機拍攝沈澱物被沖離黃金時的飛揚情形。半小時後，又撈獲七件。穆爾再清除另一個區域，這次的撈取速度就快速得多：一分鐘三件。同時撈取前的現場拍攝工作，也減到一至兩次。

下午八點，風速增強到二十至二十五節，浪高六呎。電傳的氣象資料顯示，這不是短暫的風暴，而是突然形成的大規模鋒面，強度還可能增加一倍。柏林漢再度通知控制室：「湯米，這次鋒面將在兩小時之內到達。收回的工作應該立刻開始。」

湯米回答：「現在正在緊要關頭。」柏林漢說：「到時海浪將達十到十五呎。」他不用多加說明，因爲湯米知道，海浪十呎時，收吊工作幾乎無法進行，等到風暴來臨時，開始收吊也來不及了。因爲絞車收回纜線需要一個半鐘頭，搬取載具和起重機放到甲板上，又需要半個鐘頭。湯米決定繼續工作是爲了多拍一些照片，多撈取一些物件；他希望風浪不要如預期強烈。後來他說：「這是艱難的決定。柏林漢不了解我們的企圖，但我們都知道，這可能是本季最後一次下水了。」

其後十二分鐘，他們繼續拍照，撈取了七個物件，其中一件是三個黏在一起的金幣。接著他們又清除了一堆沈澱物，發現另外一堆金條和金幣。拍過照之後，從邊緣撈取一塊金錠。然後又拉回照相機，拍攝了許多角度的照片。這些工作用去了一個小時。

這時風浪增強，水下的工作成果是拍攝了兩百五十張照片，撈取了四十個金幣和金條，裝滿了塑膠盒子。

晚上九點，海浪高達八呎，風勢幾乎轉成大風，吹破海面的波浪。九點半，湯米下令收工。

陶德・史提爾（Tod Steele）回憶：「他們在接獲天氣變壞的通知之後兩個小時才開始收工。那時黑漆漆一片，海浪已由三呎增強到八呎。載具到達水面時，浪高十二呎，風速四十節，還下著大雨。」接著他們冒著大風大浪，花了三個多小時收回載具，其間險象環生。由於起重機損壞，無法將載具舉過欄杆的高度，多寧冒著墜海的危險，勉強修復。經過幾次嘗試，總算在驚險萬分的情況下，把載具丟到甲板上來。它先撞到了左舷欄杆，彈回甲板中間，又撞向左舷，最後撞到起重機基座，才終於停了下來。大家又冒險把它固定，總算鬆了一口氣。但載具已經破損不堪，鮑伯也受了傷，血流滿面。這時大家如釋重負，但都嚇呆了。天氣很冷，大家疲憊不堪地站著發抖。

柏林漢上了船橋，指揮「發現者」頂著強風，以八節的速度朝西開往威敏敦。

湯米已經解決了「中美號」藏寶的尋找和撈取問題，現在面臨的是如何保住它的問題。依他那防範未然的思考模式，寶藏喪失、遭受破壞、損傷、減損價值的可能性太多了。先前已有兩組人馬闖進所謂的「中美號」沈船現場，幸賴聯邦法官制止了他們。可是躍躍欲試的大有人在，可能採取的手段比正面硬闖更加狡猾，更加難以防範。如何防止旁人的覬覦，成了湯米最關心的事情。

幾週以來，自從發現「銀河二號」和船鐘，又進一步確定是「中美號」之後，湯米、巴力和鮑伯絞盡腦汁，煞費苦心地研擬黃金撈起之後的處理問題。鮑伯說：「以小袋子撈起幾噸重的黃金搬運上岸，然後安全保存，這是史無前例的工作。」在船上如何隱藏黃金、何時搬運上岸、如何祕密運走不被發現、如何安全儲藏，都成了迫切需要解決的問題。在「發現者」返回威敏敦的途中，他們繼續修改原先擬定的計劃，對於其他技術人員，絕不透露這些程序和時間的安排。

第二個問題，沒有如此迫切，但複雜棘手得多。哥倫布—美國發現集團有一百六十位股東，他們都信賴、支持湯米，所以發現黃金的事情必須告訴股東，讓他們分享喜悅。可是富蘭克林曾經說過，要三個人保密，除非死掉兩個。如何使一百六十位股東在湯米取回其餘的寶藏之前保守祕密，又是一道難題。

他們在威敏敦寄出一系列信件，分致全部股東。其中一封，敘述發現船鐘的經過；一封報告撈到一塊金錠；還有一封敘述撈起兩個金幣。「關於撈起的金錠，就我們所獲的初步資料顯示，現存的同樣物品為數極少，因為在內戰期間及其後極短時間之內，絕大部分都已遭政府鎔化，另做他途。」至於金幣，則「一如預期，完全保持了出廠的情況，未遭腐蝕，只是其中部分沾有橘紅色的鐵鏽。」

每封信末，都附有湯米的囑託：「將這個發現保密到明年夏天，可能極為困難。但請別忘記，迄今為止，公司已有一些仍然被視為絕不可能的成就。未來數月保密的成功與否，對於公司能否有效運作，將是極大的考驗。在其餘黃金到手之前，務請保持耐心。一旦目標安然達成，就可公開我們的發現。」

湯米認爲只向股東透露撈到一塊金錠、兩個金幣，是絕佳的策略。既可讓股東驚奇、興奮，分享公司成就的喜悅；也可以在萬一消息外洩時，提供最好的保護傘。深海團體輾轉聽到他從「中美號」撈起一塊金錠和兩枚金幣的消息時，立即的反應不外乎：湯米在現場動了手腳，他可能先在某艘船上放置一些黃金，然後撈起來充數；或者宣稱在現場撈獲了黃金，以便募集更多資金，繼續搜尋工作。深海團體的邏輯很簡單：湯米這招可以迷惑投資客；然而要是眞有發現，他哪肯丢下寶藏返回陸上，等明年再去呢？

湯米在十月底回到哥倫布市，十一月二十六日召開股東會議。股東連同眷屬，參加的約有一百位。

三百磅重的船鐘，放在用來儲存它的櫃子上面；湯米座位前面的桌上、兩加侖半的水箱中，放著一塊二十五磅重的金錠。湯米以一個多小時的時間，詳細說明一切經過，包括了最後一次下水，載具幾乎毀損的細節。當然還報告了未來的工作計劃，並且要求股東對於通信的內容和會議的詳情保密。

這時一位股東突然發問：「湯米，你說的金幣在哪兒？」

「啊！等一等。」湯米說得好像已經忘了金幣一樣，立刻從口袋裡掏出兩個一八五七年鑄造的雙鷹二十元金幣。「這樣子大家都看不清楚，我要把它們傳下去，讓各位仔細看看。不過，拜託千萬不要私自藏起來。」這話引起鬨堂大笑。

股東之中，不少人肚裡雪亮，知道湯米有所保留，不過他們都能體諒他的苦衷。有的擔憂防範海盜、取得法院保護，以及將來法院對於所有權的裁定問題，但全體股東之間，仍然瀰漫著歡欣之情。湯米也知道，前路方遙，技術問題、法律問題、科學和考古的顧慮、打撈和處置的問題，在在都等著他去克服。

股東會後一週之內，剩餘的四百萬美元股份被搶購一空。雅士比說：「較諸以前四次的推出，這次的情況可以說是空前熱烈。」

情況演變至此，湯米擁有了足夠的資金，可以製造更大、更複雜、工作能力更強的載具了。在下一個工作季，不會再受到競爭者所逼而必須匆促出海，也不必擔憂是否找得到正確的沈船了。

哥倫布—美國發現集團的另一項傑出成就，也值得大書特書。從一九八八年湯米對股東宣布撈獲金錠和金幣，直到完成打撈「中美號」寶藏工作對外宣布爲止，所有消息只在股東之間流傳，從未外洩。一位股東麥克．福特（Mike Ford）說：「我們不談論，就是不談論。」

股東們通力合作，保守祕密，使得工作人員無後顧之憂，專注於改進技術和處理問題。幾經考慮並且請教律師之後，湯米決定向法院申請新現場的探勘權利，但要等到明年夏天工作快要開始時，才提出申請。從一九八七年七月的公聽會之後，旁人都以爲這家公司還在「中美號」的舊現場進行工作，沒有必要事先打草驚蛇。申請時提出的座標，有助於旁人確定新現場的地點，可能又會使事情趨於複雜。湯米說：「暫時不對新現場申請法院保護，其實是很大膽的決定。但是前車之鑑加上商業考慮，目前還是按兵不動爲宜。」

當時羅伯律師報告法院，湯米已經撈獲好像是「中美號」上的黃金，請求法院保護。其實這只是障眼法而已。當年秋末，羅伯帶了湯米、鮑伯和巴力，攜帶金錠面見凱蘭法官。凱蘭看過之後，大受感動，直呼：「老天！老天！」

從一九八七年底直到一九八八年春天，陶德和克來恩忙著焊接新載具的外殼。海克曼、史格特、穆爾以及幾位工程師在湯米的指導下，重新設計水下載具，利用倉庫前面的空地進行模擬測試。

六月初，湯米邀請恩師歌勒爾參觀剛完工的水下載具。載具高度超過七呎，寬五呎，長十五呎；鋁質框架、吊杆、相機、電瓶、接合盒、電器設備，還有水管，構造複雜；管線交叉纏繞，功能完備。伸展臂的肩部、肘部、腕部、手指，總共有七種功用。載具前面垂掛著各種相機和燈光支架。歌勒爾嘆爲觀止，大受感動，「眞是了不起的設計，令我震驚。這項工作的困難和繁複不亞於設計和製造汽車。這是全新的裝備，複雜無比。」歌勒爾完全肯定它的複雜和歷史性的地位。

一九七三年，歌勒爾對愛徒湯米提出的問題——如何在深海底部工作——促成了這個兩噸半載具的問世。如果加上它的九支機械臂、望遠鏡頭支架、立體影像拍攝播放設備、七部錄影機、兩部照相機、大小十七個閃光燈、兩支收集臂、吸取管、眞空吸塵器、噴嘴、矽膠注射器、推進器、除塵器、收縮抽屜、蒐集盒、挖掘工具，重達六噸。這本是五年前湯米心目中的理想設備，可是受到競爭和天候諸多因素的影響，一直缺乏時間設計和製造。

夏天出海以前，湯米請教了世界著名的錢幣專家詹姆士・藍伯（James Lamb）。在檢視過湯米帶來的一八五七年雙鷹二十美元金幣之後，藍伯告訴他，金幣的品質屬於最高等級，「硬幣專家一輩子大概只能遇到一兩枚這種品質的金幣。」藍伯還告訴湯米，只要一條抓痕，它的價值就減少三分之二；兩個瑕疵又會去掉剩下的三分之一價值。這也是一九八八年，湯米不肯多撈的原因。這麼多的金幣，整整齊齊地排列在現場，一次撈取一個，所需的時間和費用實在過分龐大。可是一次撈取兩個以上，又怕損壞金幣、降低價值。顯然在撈取過程中，不能讓金幣互相碰觸。

七月十九日，「北極發現者號」從捷克森維爾出海，翌日下午抵達「銀河二號」現場。湯米在甲板上召集工作人員開會，說明保密安全規定，明白宣示不得進入控制室的人員。同時規定，收放載具時，除了柏林漢和技術人員之外，都必須迴避。

其後兩個星期，測試了新的起重機和推進器。史格特設計的軟體，可以把錄影畫面、照片以及工作人員的評語分類儲存；水下拍攝的照片可在控制室裡同步洗出；錄影影像可以隨時停格研究；電腦能把影像數位化，印表機可以立即印出影像。將來如有客戶想要購買金幣，可以觀看實際的撈取過程；科學家購買其他物品時，也可以讀取現場情形，以供觀察研究。所有新的功能、新的系統都必須經過測試；因爲工作太多，兩週的時間安排得非常緊湊。有時工作人員一天只睡四個小時，有時這四小時還包含了兩小時的打盹時間。大家晚睡早起，披星戴月地工作。

年初湯米就曾請教密羅西（Milosh）和別的工程師，研究更快速的撈取方法，但苦無良策。密羅西說：「一百三十一年後的今天，這些黃金都成爲古物，價値遽增，每一件都必須細心處理。」

多寧認爲黃金實在過多，撈取時不可能避免互相碰觸。而金幣的數目又遠遠超過金錠，多寧曾多次試圖先計算出金錠的數目，都告失敗，不得不放棄。他看到的第一堆金幣，數目之多已經無法想像，然而「起碼還有六、七堆一樣大小的金幣，兩個月絕對清理不完，又不能利用推土機撈取。」

多寧主張利用大型的鏟子撈取。他說：「湯米打算一次撈取一個，還要拍照、錄影，然後分別放進容器。老天！這麼做，一百年都做不完。」

密羅西建議的方法深得湯米青睞：在金堆上方放置一個大模子，灌進矽膠，等矽膠硬化之後，整塊撈起。這麼一來，一次可以撈取一百多個金幣，而矽膠已經包住金幣，彼此不會碰觸刮傷。海克曼知悉這個想法之後，自告奮勇，願意免費清除金幣上的矽膠。但問題在於如何找到密度比水重的矽膠、適合的觸媒，如何清理噴嘴，以及如何在深海的溫度和壓力下使矽膠硬化。

他們先測試各種矽膠和觸媒，然後出海測試。最初觸媒分量不足，矽膠流出模子之外。後來加重觸媒的分量，矽膠凝固，把金幣結成一團，金幣和金錠都不會互相碰觸。

撈取小堆黃金時，先用推進器的刷子輕輕刷掉上面覆蓋的東西，再用吸管吸走散落在邊緣的金幣，放在包有泡綿的盒子裡。這時電腦立刻賦予編號，自動記錄打撈時間和地點。

小金堆經過如此整理之後，從上面罩下模子，灌進矽膠。接著他們繼續清理別的金堆，等到這堆的矽膠凝固之後，再回頭撈取。每塊大約一呎見方，厚度八吋，裡面的金錠或金幣有時排列整齊，有時呈不規則的形狀。

密羅西說：「矽膠團裡的金幣情況良好，好多都是完美無瑕。」

灌注矽膠撈起的金錠，大小不一：小的大概五盎司，鮑伯稱之爲「巧克力」，大的有幾磅重，鮑伯稱之爲「含乾果的巧克力」。

有一次，撈起了一個「金幣塔」，高度是三十層金幣，長寬各有五排和三排金幣，總數四百五十個，毫無刮傷。

出海完成測試之後，第一次施放載具是八月五日，直到十八日才開始撈取黃金，採取的是湯米設計的「安全下潛法」：清晨施放下水，傍晚收起載具。等到載具出水的時候，已是晚上。技術人員用淡水清洗載具、取下相機、接上電池的充電線、清理雜物。接著清場關閉甲板燈光，鮑伯從防水布袋中取出裝著黃金的盒子，放到黑色的箱中，再由湯米和穆爾搬進鮑伯的實驗室，貼上電腦編號，分門別類儲存起來。

大約十天後的一個下午，電腦線路短路，海底裝滿了黃金的盒子無法關閉，除非拉上載具，無法修復，而且拉上載具時，盒蓋將會開著。湯米迫不得已，只好宣布實情，允許大家觀看。

當大家看得目瞪口呆之時，柏林漢看到一個特大號的金幣，厚度約有八分之一吋，是一八五一年鑄造的五十美元金幣。鮑伯早在加州熟研各種古幣，立刻看出它的價值，他說：「它的價值足以支付這次潛水的費用。」柏林漢說：「我們都在場，湯米盡全力處理他認爲可怕的場面。但大家都得到機會看到那些東西。」

詹姆士．藍伯在九月中登上停在威敏敦碼頭「北極發現者」船上，參觀撈起的寶物。在哥倫布市，他只看到兩個雙鷹的二十元金幣，也知道現場還有一些相同的金幣，但是他不知道數量居然如此之多，也不知道金幣不只一種而已。

藍伯來時，穿著整齊，還打了領帶；一進入鮑伯的工作室不到幾分鐘，就脫掉外衣，捲起袖子，用大拇指和食指夾著一個二十元的雙鷹金幣，利用反光的角度仔細觀察亮度和顏色。他一邊看，一邊喃喃自語：「還是全新的金幣。越新價值就越高。這個金幣近乎完美，沒有任何刮痕。」

舊金山鑄幣廠不只鑄造雙鷹的二十元金幣，還有十元、五元和二元五十分的各種金幣。依據藍伯的說法，這次撈獲的一個十元金幣，幾乎是世上現存最完美的一個。

撈獲的金幣之中，不少都蓋著私人鑄造的戳記；這些私人鑄幣廠在舊金山鑄幣廠成立以後，都已關閉歇業。它們鑄造的金幣數量稀少，特別珍貴。在一八四八年到一八五四年間，淘金客下山時，身上只有金沙和碎金塊，使用不便。交易時以「撮」爲單位，毫無標準，所以當時的酒吧都僱用拇指特大的酒保。有的淘金客先找金質分析師確定成色和重量，或換取等值的金幣使用。

「中美號」上除了公私鑄造廠鑄造的金幣以外，還有金質分析師私人鑄造的金幣。這種金幣數量更少，因爲他們的營業期間更短；不是偷斤減兩被發現而歇業，就是因爲公營的舊金山鑄幣廠成立而歇業。

藍伯說：「最初我還擔憂金幣情況不好而影響價值，現在一看，疑慮全消。這些金幣都還尙未流通使用，情況完美。」

加州的金錠因爲成分純粹，多數熔做金幣，因而數量稀少而特別珍貴。內戰結束時，所剩已經不多，收藏家搜購不易。政府機構或銀行鑄造的金錠，形狀、大小和品質都很一致；現存最重的是五十盎司。「中美號」上的金錠，重量從五盎司到九百多盎司，數量多達數百個，每個都有獨特的戳記和編號。金質分析師在金錠的一個角落截下一小角，既可決定成色，又可充當分析的費用，然後蓋上戳記，標上純度，註明重量，最後再依每盎司二十美元六毛七的時價，標明價值。此外，加州金錠不加銅而加銀，所以特別光亮艷麗。撈獲的金錠之中，編號四〇五一的金錠，重達七五四．九五盎司，純度是千分之九百，一八五七年的價值是一萬四千零四十五美元；目前光計純金價值，就值二十五萬美元。

藍伯事先不知道也有金錠，在鮑伯的工作室中看到這些金錠時，驚訝不已。「不得了！難以置信！太令人激動了！它的涵義、潛在的金錢價值、即將引發的轟動，實在難以盡述。這些特別稀有的珍貴物件，情況良好、數量又多，眞是無法想像。要不是親眼目睹，打死我也不會相信。」

八月下旬，凱蘭法官把限制區擴大包括了「銀河二號」現場，裁定已打撈的物件所有權屬於哥─美發現集團，而且宣示裁定永久有效。夏末，哥─美發現集團正式公開宣布發現「中美號」寶藏。首篇報導來自一向態度穩重的英國期刊《經濟學人》，《華盛頓郵報》接著更加詳盡報導。湯米還出現在衛星轉播的電視節目「今天」之中。

工作人員繼續在現場打撈到九月中旬颶風來襲，他們才進入威敏敦避風。颶風過後，又再出海，但天氣持續轉壞，湯米決定先要把寶物運送上岸。

「航海家」在十月四日晚上靠泊岸外浮筒。翌日清晨五點，柏林漢登上船橋，駕駛「航海家」朝亨利岬燈塔進入契沙比克灣。一八五七年，「艾倫號」的強森船長和「海事號」的柏特船長，帶著「中美號」獲救的旅客，也是經過這座燈塔進港的。「發現者」進港之前，柏林漢下令把甲板和上層結構清洗得乾乾淨淨。

秋末的太陽還算暖和，但秋風已透著涼意；船旗在微風中飄揚，「航海家」在拖船的前導下，緩緩開進海軍船塢。水手利用時間收拾物件、整理船上空間，準備接待靠岸後蜂擁而上的親友。可是船隻靠到商用碼頭的情況，卻是他們作夢都沒想到的。

穆爾首先嗅出不尋常的氣氛：領港員頭戴華麗的帽子、上身穿著鮮豔的運動服，下身是燙得畢挺的西裝褲；電視台的直昇機在低空盤旋；警艇到達，海關官員登船會同柏林漢檢查載貨單。

由於返港的通知五天前就已寄出，這時碼頭上的貴賓接待區擠滿了兩百多人：股東的家人、朋友、同事，還有全國各地對打撈沈船出過力的人士。雅士比、達特曼、克拉夫特和夫人艾薇、巴力的母親和姊姊，以及從前的報界同事、鮑伯的太太和雙親，胸前都掛著貴賓的名牌。

以賀登船長爲名的賀登高中一百四十名的軍樂隊隊員，穿著紅白黑三色的制服，整隊等待。樂隊旁邊，警察和安全人員從船位通往三部裝甲轎車的通路兩旁，全副武裝的列隊保護。繩索隔開的貴賓區之外，還有數百名看熱鬧的來賓。

「航海家」接近船位兩百呎的時候，軍樂隊開始演奏美國國歌；水手站在甲板上觀望；來賓一邊聆聽國歌，一邊好奇地東張西望。場面熱絡感人。達特曼說這眞是一件大事，「一輩子難得遇上幾次這樣的大場面。」

船隻緩緩停泊妥當，載具蓋著鮮豔的藍色塑膠布。樂隊繼續賣力吹奏。水手站在甲板上欣賞整個場面的景象，等候海關官員放行。有的熱切等待跟親人會面，有的搜尋人群中的愛人；有的只希望趕快洗個熱水澡。穆爾說：「碼頭上看熱鬧的人群，只知道這是了不得的成就，哪知道工作人員的辛酸？」

一個朋友說：「湯米這下大發了。他將成爲風雲人物，其實他也夠資格。我祝福他。」股東們當然佩服湯米等人的辛勞和成就，但對於自己當初的遠見，也難掩沾沾自喜之色。

雅士比有無限的感慨：「這麼多的警察在場，才使我相信這一切都是眞的，不是做夢。這是任何人終生都難得一遇的傳奇。我相信這不會是湯米事業的顚峰。他的影響當然不能和貝爾或愛迪生相比，但絕對會名揚四海。」

海關手續辦完之後，聯邦警官登船代表聯邦法官，依照海運傳統「沒收」這些黃金。水手開始搬運這些裝在「彈藥箱」中的黃金，移到等候中的三部裝甲車輛。

這時賀登市市長發表演說，讚揚賀登船長的英勇行爲；諾福克市長也追懷當年諾福克市民對於生還者的慷慨行爲。專門研究「中美號」船難的歷史學者、獲救生還者的後裔，也都發表演說，敘述一些感人的故事和他們的生活情形。鮑伯和巴力最後發言，並且代表宣讀湯米前一夜擬好的謝詞，感謝支持者的幫助，使他能夠化不可能爲事實。

裝甲車緩緩駛離，群衆也逐漸散去，只剩下貴賓和記者參加餐會。當晚湯米接受了電視訪問；「航海家」旁邊有幾部錄影機不停的拍攝現場情況。鮑伯還展示了幾件比較特殊的撈獲物。

慶祝活動和搬運黃金的工作從下午繼續到傍晚。但是在幾條街之外，卻有三十九家保險公司的律師向聯邦法院提出控訴。湯米知道，要來的終於來了。保險公司指稱，一八五七年「中美號」沈沒後，他們依照條款理賠，所以從「中美號」撈獲的物品，以及此後撈獲的黃金都屬於他們。這正是湯米最擔憂的事：有人會不擇手段覬覦他多年辛勞的成果。從此開啓了另外一段奮鬥，官司整整纏訟了七年。

尾聲：無窮寶藏

在科學家和工程師眼中，
探測深海和海底工作的挑戰性，
不亞於探測外太空。
湯米・湯普森打撈「中美號」的行動，
則為海底探測開啓了新紀元。

一九九七年四月，《紐約時報》的科學記者威廉·布羅德(William Broad)出版《水下世界：找尋深海的祕密》(The Universe Below：Discovering the Secrets of the Deep Sea)一書，對於人類探測深海的努力，提供了深度的透析，並就下列兩件事情加以探討：海洋浩瀚無垠的範圍，以及人類對海洋知識的極端貧乏。十九世紀中葉以前，科學家認爲超過幾百呎深度的海底，就是光禿禿、貧瘠不毛的世界。到了十九世紀末葉，科學家利用深海拖網取得海底樣品之後，才發現深海蘊涵豐富的生命。他們逐漸了解，海底固然有一大片不毛之地，但許多地方——從淺海直到深海海床——都布滿種類繁多的生物。隨著了解的增加，人們終於認識占了地球表面七一%的海洋，孕育的生物超過整個地球的九七%。

根據布羅德的報導，海洋學家估計，迄至當時爲止，科學家研究過的海床面積僅介於整個海洋面積的千分之一到萬分之一之間。由於海洋面積非常龐大，人類眞正探險過的海底黑暗世界，恐怕不到百萬分之一，甚至還少得多。

布羅德認爲，了解海洋深處祕密的最大障礙，在於缺乏能夠承受深海壓力的儀器，以及在漆黑環境中的照明設備。整個深海探險史之所以充滿挫折，是因爲在無限廣闊的海底，每次一平方碼、一平方碼的摸黑工作，這種情形就像望遠鏡發明前的天文學家一樣。海洋學者處理問題時，常常苦於沒有恰當的裝備。

「艾爾文」之類的水下潛艇確實到過海底，可是必須有人冒著生命危險，在水底下操控；這種潛艇工作能力有限，範圍狹小，停留時間只有三到四個小時。湯米的水下載具可以在海底連續工作數天，不需要人員冒著生命危險，隨著潛艇在幾千呎的寒冷水下工作。他的載具只需要幾個不同專長的專家，坐在遙控室中觀看螢幕，遙控指揮就行了。

有人問海克曼是否隨著載具下海，他回答：「沒有，我坐在冷氣房裡喝咖啡。」再問他：「那麼水下的工作都是些什麼？觀察周圍情況，然後挑個東西撈起來？」他說：「當然除了這個之外，我還可以在兩浬外指揮打洞、接線路、上螺釘咧。」

跟海克曼談過的人，都無法了解深海底部的複雜情形。他讓海軍的海洋工程師們觀看載具前部的照片，其中一位坦承，那些東西沒有一樣是他懂得的。海克曼放映載具工作情況的錄影帶給一位海軍上將和一群艦長觀賞，沒有人能理解載具如何運作。

「載具不如大多數同類的東西複雜，但它的功能，連現在正在設計中的都無法企及。目前還沒有任何政府或其他的公司擁有這樣的挖掘臂、望遠操縱器、水壓櫃和旋轉推進器；他們甚至還沒到達設計這些裝備的階段，更遑論製造了。我不是無的放矢，因為長年為他們工作，我了解情況，」海克曼說。

湯米在發現黃金以前，就已計畫在現場進行科學研究。從一九八九年起，他利用新技術，提供一百五十位科學家資料、標本、照片、底片、現場參觀，以及實驗操作的機會。這些科學家來自美國、加拿大、德國、摩洛哥、英國和紐西蘭，包括海底腐蝕專家、水下考古專家、海洋生物學家、海洋化學以及物理學家、材料專家、細菌學家、漁業專家與海洋歷史學家。他們也協助湯米確定生物種類，評斷資料價值，提供專業意見。湯米邀請他的良師、俄亥俄州立大學名譽教授賀登道夫（Charles E. Herdendrof）主持這個聯合研究計劃。賀登道夫對這件工作的評價是：足堪與發現新大陸相頡頏的現代探險。

哥倫布—美國公司擁有幾千個小時的錄影帶、數千張幻燈片，都是四年之間在同一海底現場拍攝的。一九九一年，他們製造了品質優良的光纖電纜，海底的影像可以涓滴不漏地傳到控制室中的十七部監視器，讓科學家們親眼觀察和研究實際的環境，不必借助樣本或化石。科學家們發現十三種新的生物，其中一種海綿已經獲得確認、分類，並且完成命名。

他們拍攝到一條特大的章魚，觸手張開時，兩端長達六呎半，而一般章魚很少超過一呎。研究發現，它的觸手排列和吸管構造不同於所有已知的章魚，換言之，這是新發現的品種。

還有一次，錄影機拍到一條長達二十二呎的大鯊魚，而紀錄中最大的只有三呎半，兩者相較，簡直是大巫之於小巫。服務於馬里蘭大學、有「鯊魚女士」之稱的克拉克博士（Eugenie Clark），鑑定其爲格陵蘭鯊魚（Greenland Shark）。牠的體型龐大，需要大量食物；這證明了深海海底食物鏈的豐富。

哈佛大學的透納（Ruth Turner）博士在現場進行實驗，發現了全新品種的深海木頭蟲，粗如雪茄，長達半公尺；文獻中的木頭蟲只有鉛筆大小。這個發現推翻了以前的說法；在此之前，科學家認爲專吃木頭的海蟲只能生存於淺海之中。

以前發現的珊瑚都生長在淺海的沙質海床，細根分散，抓住海底沈澱物，就像地表植物一樣。他們新發現的扇形珊瑚，根部像手，能夠抓住煤炭、鋼鐵或黃金，因而適應了生存的環境。

某次一艘潛艇撞到海底的「鐵達尼號」鐵殼殘骸時，無意中發現了鐵鏽中的少數細菌。「中美號」沈船現場也發現了同樣的細菌。科學家可以利用這種知識，研發防止深海鏽蝕的方法。將來製造深海採礦設備或設立深海監聽站時，這都是必須解決的問題。

這些深海探險最令人興奮的一個結果，應該是發現許多生物可以應用於製藥工業。這些新發現的生物，可能是用來製造「腫瘤抑制素」的抗癌藥物；例如科學家在現場發現的「雪梨歌劇院海綿」中，發現了這種抗癌物質。

這些科學家都來自著名的研究機構或大學，他們的研究工作繼續不輟。下次湯米再度出海到新地點工作時，他們的工作將再獲得加強的機會。

一九八九年哥倫布—美國公司宣布發現「中美號」殘骸時，歷史學家茱蒂・康拉德（Judy Conrad）組織媒體，發起追蹤「中美號」乘客後裔和親人的運動。她蒐集列有生還者居住的市鎮名單，然後發函當地報社，附上名單和相關資料，尋求協助。

最初她獲得了二十九個答覆，包括了兩個孟勒夫的直系後裔；他們提供了孟勒大橫越美洲以及搭乘「中美號」旅途中所寫的手稿。她又逐漸找到諸如賀登船長、瑪麗・史溫等人的後代。目前她還和一〇六位當年搭乘「中美號」的乘客後裔或親戚保持聯繫。

一九八九年，鮑伯曾經提到在沈船現場發現的兩個皮箱：「看起來相當脆弱不堪，其中一個蓋子已經掉落，皮箱是打開的。兩個箱子裡都住了一些深海生物。要點在於把裡面物件的原始情況做成永久記錄，以供未來研究之用。現場科學研究的目的之一，就是希望翔實記錄發現時現場的實際情況。」缺了蓋子的皮箱裡有一頂帽子，兩本書。鮑伯希望撈取它們，相信裡面的資料一定可以使得整個故事——甚至內戰時期的歷史——增添豐富的內容。

其中一個皮箱終於在一九九〇年撈起，裡面確實蘊藏了寶藏——一件襯衫用汽船版的《紐約時報》包著，報紙的日期是一八五七年七月二十日。報上的文字仍然清晰可辨。還有十三件亞麻襯衫、長短大衣、褲子、裙子、晨袍、幾雙襪子、香水、蒸餾水、金表、手槍和一件東方風味的小雕刻。這隻皮箱真是考古學的寶藏，它們都是伊士登夫婦的財物，其中一些是親友贈送的禮物。

缺蓋的皮箱屬於「艾倫號」最後救起的旅客約翰・迪門特（John Dement）所有。當年「艾倫號」的船長應伊士登的請求，多巡迴了一圈，結果又救起布朗和約翰。箱中裝了六十四件衣物、一個裝著刮臉用具的革囊、三本小說，還有一封介紹信。小說和信件的重要性不在它們的內容，而在浸水一百三十年之後，字跡居然清晰可辨。

他們還另外尋獲了約翰・烏得本（John Woodhouse Audubon）繪製的鳥類和動物的素描。這兩百張圖畫都是他於一八四九年到一八五〇年間，在美國西南部和加州研究當地動物時所畫的。他在一八五〇年返回東部時，拜託友人帶回紐約，後來輾轉相託，由史蒂芬（John Stevens）帶著搭上「中美號」，不幸遇難沈沒。

三十九家保險公司在「航海家」進港當天，向聯邦法院遞狀控告，當年他們已賠償了「中美號」的損失，因此打撈到的黃金應該歸他們。除了一家倫敦保險公司的會議記錄，曾經提到董事們討論提撥五萬英鎊分攤保險支付以外，其他公司依據的都是當時的報紙報導，提不出提貨單、收據或是合約當做證據。聽證會開始以前，凱蘭法官先就依據資料剔除了二十一家保險公司。

一九九○年八月，凱蘭聽取其餘保險公司的主張。他認為，一百三十二年來，這些黃金留在海底，保險公司從未設法打撈，實際上已經放棄這些黃金的所有權。他判決哥倫布—美國公司擁有撈獲財物的全部所有權。保險公司上訴第四巡迴法庭，合議庭的三位法官意見不一，在一九九二年八月二十六日撤銷原判決，發回凱蘭法官，要求依據海難援救法，重新審判。巡迴法庭認為，所謂「放棄」需有表示放棄的動作，才能成立，保險公司確已證明和這些黃金有所牽連。雖然如此，判決文中仍然明示：哥倫布—美國公司理應取得寶藏的絕大部分。

哥倫布—美國公司不服這個判決，上訴到最高法院。很多著名社團都公開支持，最高法院不願進行審判，案子又發回給凱蘭法官。

一九九三年七月，凱蘭用了兩個星期的時間，聽取包括打撈的難度、費用、風險以及資金的證詞。這是聯邦法院的管轄權首次延伸到公海的沈船上，也是海事法庭第一次接受「遠處所有權」的觀念，承認了法律必須隨著科技的進步而擴大疆域，還必須保護文化資產。凱蘭認為哥倫布—美國公司對於保護這些資產的努力，無可匹敵。

結果，凱蘭法官判定投過保的黃金九○%歸於哥—美公司；未經投保的，則全數歸哥—美公司取得。他還保留了那一〇%已投保黃金的決定權。此外對於任何乘機要求分享黃金的請求，他一概予以駁回。哥—美公司和保險公司均不服判決，又再上訴第四巡迴法庭。第四巡迴法庭於一九九五年六月十四日宣判，維持凱蘭法官原判決。判決書開頭就表示：

本庭對於從事史無前例的勇敢嘗試的打撈者，獲判取得撈獲寶藏的絕大部分，覺得並無不妥之處。

接著判決書臚列公正分配撈獲財物的六個考慮因素：(1)花費的勞力，(2)打撈者的技術和精力，(3)用於打撈工作的裝備成本，(4)風險，(5)撈獲財物之價值，(6)財物本身所遭遇的危險。關於第一項因素，法院調查發現，從一九八六年到一九九二年，哥—美公司在海上工作四百八十七天，工作人員分成兩班，每班工作十二小時，累計多達四十萬工時，成本幾達八百五十萬美元。而據法院調查所得，前此有關打撈海底沈寶的案例，只有兩例工作時間超過一個月，「哥—美公司的努力，規模空前龐大」。

關於第二個因素，法院一改平時穩健保守的看法，對於哥—美公司和湯米的成就，大為讚揚：「哥—美公司展現的勤奮、技術和毅力無人能望其項背。它的努力樹立了今後的評判標準。」

第三點，水下載具——已命名爲「尼摩」——和「北極發現者號」，加上其餘打撈裝備，光是材料成本就超過六百萬美元，如果加計技術成本，更是遠超此數。此外租用設備、支付相關事項的費用，也超過百萬美元。就法院所知，沒有其他打撈工程的成本堪與哥—美公司相比。至於工作的風險，法院認爲：「發現者」在離岸一百六十浬的外海使用笨重的打撈設備（「尼摩」重達六噸），如果發生意外，送醫急救需數個小時……船隻出海，船隻和人員都曝露於危險之中。

第五個因素探討的是撈獲財物的價值問題。專家做證時的估計雖有差異，但黃金總值約有十億美元之譜，爲數頗鉅，爲史上所僅見。法院完全同意一位專家的意見：黃金的高價值，加上傑出的努力，理應獲得優厚的酬勞。

法官們認爲，海洋對於黃金的性質固然不至於構成傷害，但黃金一旦沈入深海，撈獲的機會不大，做爲財產的價值以及繼續存在的機會，都面臨重大危機。哥—美公司的作爲，就是把這些財物從極端的危險中，完整拯救出來。

審判期間，哥—美公司要求海事法庭決定撈獲物分配時，應該考慮第七個因素：發現者對於殘骸或貨物的歷史價值、考古價值及其資料價值的保存所做的努力。巡迴法庭認爲凱蘭法官聽取了專家的證詞，承認哥—美公司對此已經盡了全力，成果斐然。他們對此至表同意，做出如下的結論：撈獲物的分配問題，極少出現如此有利於打撈者的判決……然而本案事屬例外，地方法院所做九〇%的決定，雖然優厚，本庭卻認爲完全恰當，並不過分。巡迴法院還授與哥—美公司全權處理寶藏的行銷事宜。保險公司要求立即取回應得的黃金，但法院裁定：黃金數量太大，以交由一家公司單獨處置爲宜。一八五七年「中美號」沈沒時，黃金的損失嚴重影響當年的財經情勢。此次撈獲，顯然亦將有重大影響。本庭接受專家意見，認爲統一的處理計劃，有助於從販售本批黃金中，獲致最大的利益。

從一九八九年秋天訴訟程序開始以來，還有一件事情懸而未決：「保險公司是否能夠證明當年確已付出賠償金？哥—美公司認爲保險公司所提的恐怕只是表面證據，他們應該證明當年接受保險的部分和付出的賠償金額。法院接受這個抗辯。」哥—美公司取得九〇%，並不等於保險公司可以平白獲得其餘的一〇%。巡迴法庭又要求凱蘭仔細斟酌證據，以確定保險公司確能證明全部或部分的主張。裁定文中還指出，保險公司如果沒有百分之百的證明，哥—美公司可以取得其餘部分。巡迴法庭對於整個案件的結語如下：湯米・湯普森和哥倫布—美國公司的成就非凡，整個故事充分顯示了美國的創意、才智和決心。

這種讚揚，在一向嚴峻保守的司法界空前罕見；法官們也幸運的在十九和二十世紀的重大歷史故事中，占了一席之地。

從年底直到一九九六年初春，兩造各把理由呈庭。這時醫師診斷凱蘭法官罹患胰臟癌，只剩下兩、三個月的壽命。但他還是力疾從公，在春天完成裁定書，然後在六月去世。

凱蘭利用當年的報紙做為取證的主要來源，發現兩家保險公司確曾支付賠償金；另外兩家則遍查不到任何證據。所以，哥—美公司應得增加為九二．二二％，而保險公司應得的部分，則為哥—美公司扣除打撈、儲存和行銷等一切費用之後的七．七八％。其實保險公司根本無法呈交提貨單、保險契約或收據。行家認為，凱蘭此舉意在消除以後的糾纏。事實上，「中美號」裝運的二十一噸黃金中，只有三噸是正式托運並且投了保險，其中九二．二二％和淘金客私自攜帶的全歸哥—美公司所有。如果撈起陸軍托運的十五噸黃金，也將全部歸屬哥—美公司。同時法院還指定哥—美公司全權處理撈獲財物的銷售事宜，並授與未來的繼續打撈權。這是美國海事法庭史上，最大的一宗案例。

湯米繼續探討這批寶藏的處理方法。整個故事將會激起人們擁有一塊這種金幣的興趣和慾望。這種珍貴美麗的金幣，不是買自錢幣商，也不是家傳的珍藏；它來自加州的淘金熱潮、來自一艘汽船、一次颶風、一群無私的勇者、一位英勇的船長，以及俄亥俄州一位年輕工程師的夢想、冒險、挫折和突破；它和新疆域的開發並肩而來。這個寶藏的價值超過黃金，它結合了兩個世紀、兩個拓荒先驅的精神，還代表了新開發的兩個邊區（指加州和深海）。

寶藏的價值將取決於湯米決定的處置方法。一九九八年二月，他還在思考可能的方法。他原本持有的比例是全部的四成，後來縮減到三成左右。無論如何他終將成爲鉅富，可是親友、夥伴和同事都覺得他沒有什麼改變：他仍然穿著不搭調的衣服和T恤，以摩托車代步；仍然以一些奇怪的問題搞得旁人莫名其妙。但是龐大的財富，確定會讓他做規模更大的美夢。有關湯米的成就，仍有一點值得一提：甘迺迪總統於一九六一年在國會聯席會議上宣布，美國將在十年之內送人類登上月球。其後八年，動員了四十萬人、耗用一千億美元的經費，總算讓阿姆斯壯登上月球。在科學家和工程師眼中，探測深海和海底工作的挑戰性，不亞於探測外太空。但海底的探測史無前例，一般認爲除非政府卯盡全力，不計成本，難望有所成就。一九八五年，湯米和十幾位夥伴在三年內，以一千兩百萬美元的經費，結合三十人的努力，成功的搜尋了大西洋的海底，改進技術，發現「中美號」的木殼殘骸，打撈寶藏。

他們無視於專家的預言，證明人類能夠在海底工作，經費也不必然是天文數目，但必須勇於捨棄老舊的想法，檢驗老舊的假設。遇到瓶頸，更要勇往直前，堅持不輟。這就是湯米的態度，他也以此感召旁人。困難克服之後，世界將呈現全新的面貌。在他們的計劃階段，撈取海底沈船確實是大膽的想法、冒險的行爲；找到寶藏只是目標，並非目的。眞正的目的是在揭露深海寶藏的眞面目，增進對歷史的了解，促進海洋考古工作，發展深海工作技術。追逐寶藏就像耕田；這個觀念湯米早在一九八五年的圓桌會議中提出：「含淚耕種，一切都會開花結果。」

科學人文

奧立佛·薩克斯

Oliver Sacks

從醫學界崛起的文壇瑰寶

生於英國倫敦，現為紐約市愛因斯坦醫學院的臨床神經學教授，平常喜愛游泳、種植蘇鐵和羊齒植物。以《睡人》一書受奧登（W. H. Auden）等名家激賞而崛起文壇，之後即創作不輟。作品風行廿餘國，並曾榮獲英、美、法、日多項榮譽。其敘事風格寓抒情的人文關懷於細膩的科學觀察。時報目前出版的薩氏作品有《睡人》及《色盲島》。他在《睡人》中，以感性的筆觸入微地刻劃嗜睡症患者存在的世界，並穿插神經醫學研究者的觀察思考，力圖以患者的奮鬥故事，作為人類苦難和求生的借鏡。在《色盲島》中，他描述親身經歷的兩段太平洋之旅，透過對島嶼風土病的研究，探索神經醫學的未知領域，更讓我們看到了一群勇敢堅強的病患所展現的強韌生命力。

●定價280元

●定價320元

史蒂芬·古爾德

Stephen Jay Gould

最像歷史學者的科學家

生於紐約，現為哈佛大學地質系教授，對動物學、古生物學和演化學均有獨到的見解與研究，其科普作品在原創性的科學思辯觀點中，蘊含著豐沛的人文情感和機巧幽默，深受讀者歡迎。時報已推出古氏的作品有《千禧年》、《生命的壯闊》。在《千禧年》中，古氏提出「What? When? Why?」三個疑問，以優美睿智的筆鋒、敏銳的科學邏輯與廣博的歷史知識為武器，說明千禧年議題不過是人類渴望在「混沌」中尋找秩序與意義而建構的策略，是一部興味盎然的千禧年讀物。在《生命的壯闊》中，他則巧妙地結合生活事件和經典的科學例證，反擊社會大衆對平均數和趨勢的盲從、信仰。積非成是的演化觀念，在他精闢的剖析下一一粉碎。

●定價250元

●定價150元

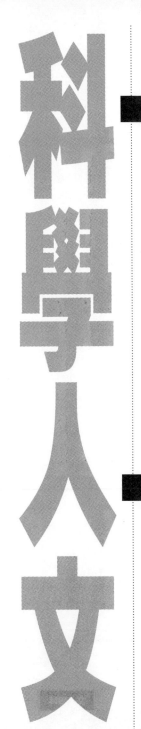

科學人文 ⑨

尋找黃金船

原　著—蓋瑞・金德
譯　著—范昱峰
董事長
發行人—孫思照
社　長—莊展信
出版者—時報文化出版企業股份有限公司
台北市108和平西路三段二四〇號四樓
發行專線：(〇二)二三〇六—六八四二
讀者免費服務專線：〇八〇〇—二三一—七〇五
(如果您對本書品質與服務有任何不滿的地方，請打這支免費電話。)
郵撥：〇一〇三八五四～〇時報出版公司
信箱：台北郵政七九～九九信箱
電子郵件信箱：ctliving@mail.chinatimes.com.tw
網址：http://publish.chinatimes.com.tw

主　編—心岱
編　輯—項慧齡、林瑞霖
美術編輯—姜美珠
校　對—席行蕙、彭珍、項慧齡
排　版—鴻霖國際事業有限公司
製　版—高銘製版有限公司
印　刷—富昇印刷有限公司
初版一刷—一九九九年十月一日
定　價—新台幣二八〇元
⊙行政院新聞局局版北市業字第八〇號

國家圖書館出版品預行編目資料

尋找黃金船／蓋瑞・金德著；范昱峰譯. --
初版. -- 臺北市：時報文化，1999 [民88]
面；　公分. --（科學人文；9）
譯自：Ship of gold in the deep blue sea
ISBN 957-13-2959-2（平裝）

1.中美號輪船　2.海底古物志　3.海難　4.打撈

798.9　　88010987

ISBN 957-13-2959-2
Printed in Taiwan

編號：CK0009	書名：尋找黃金船
姓名：	性別：________ 1.男 2.女
出生日期： 年 月 日	身份證字號：

________ **學歷：** 1.小學 2.國中 3.高中 4.大專 5.研究所（含以上）

________ **職業：** 1.學生 2.公務（含軍警） 3.家管 4.服務 5.金融 6.製造 7.資訊 8.大眾傳播 9.自由業 10.農漁牧 11.退休 12.其他

地址： ________ 縣（市） ________ 鄉鎮區 ________ 村 ________ 里 ________ 鄰 ________ 路（街） ____ 段 ____ 巷 ____ 弄 ____ 號 ____ 樓

郵遞區號 ____________

（下列資料請以數字填在每題前之空格處）

______ **購書地點／**
1.書店 2.書展 3.書報攤 4.郵購 5.直銷 6.贈閱 7.其他 ______

______ **您從哪裡得知本書／**
1.書店 2.報紙廣告 3.報紙專欄 4.雜誌廣告 5.親友介紹
6.DM廣告傳單 7.其他

______ **您對本書的意見／**
內容／1.滿意 2.尚可 3.應改進
編輯／1.滿意 2.尚可 3.應改進
封面設計／1.滿意 2.尚可 3.應改進
校對／1.滿意 2.尚可 3.應改進
定價／1.偏低 2.適中 3.偏高

______ **您希望我們爲您出版哪一類的科文書籍／**
1.物理化學 2.生物醫學 3.數學 4.天文 5.自然生態 6.其他 ______

您的建議／

____

____

請沿虛線撕下後對折裝訂寄回，謝謝！

請沿虛線摺下裝訂，謝謝！

廣告回郵
北區郵政管理局登
記證北台字1500號
免貼郵票

時報出版
CHINA TIMES PUBLISHING COMPANY
尊重智慧與創意的文化事業

地址：台北市108和平西路三段240號4 F
電話：（080）231-705（讀者免費服務專線）
（02）2306-6842。2302-4075（讀者服務中心）
郵撥：0103854-0 時報出版公司

請寄回這張服務卡（免貼郵票），您可以——

●隨時收到最新消息。

●參加專為您設計的各項回饋優惠活動。

寄回本卡，掌握科學人文的最新出版訊息。

科學人文

繆思國度裡的理智思維